深圳市人文社会科学重点研究基地成果
国家高端智库综合开发研究院（中国·深圳）出品

粤港澳大湾区生物医药产业协同创新研究

COLLABORATIVE INNOVATION OF THE BIOMEDICINE INDUSTRY IN THE GUANGDONG-HONG KONG-MACAO GREATER BAY AREA

杨秋荣◎著

中国经济出版社
CHINA ECONOMIC PUBLISHING HOUSE
北京

图书在版编目（CIP）数据

粤港澳大湾区生物医药产业协同创新研究／杨秋荣著．--北京：中国经济出版社，2024．5

ISBN 978-7-5136-7723-3

Ⅰ．①粤… Ⅱ．①杨… Ⅲ．①制药工业-技术革新-研究-广东、香港、澳门 Ⅳ．①F426．77

中国国家版本馆 CIP 数据核字（2024）第 070287 号

责任编辑　赵静宜
责任印制　马小宾
封面设计　久品轩

出版发行　中国经济出版社
印 刷 者　北京富泰印刷有限责任公司
经 销 者　各地新华书店
开　　本　710mm×1000mm　1/16
印　　张　13
字　　数　210 千字
版　　次　2024 年 5 月第 1 版
印　　次　2024 年 5 月第 1 次
定　　价　98．00 元
广告经营许可证　京西工商广字第 8179 号

中国经济出版社　**网址** http://epc.sinopec.com/epc/　**社址** 北京市东城区安定门外大街 58 号　**邮编** 100011
本版图书如存在印装质量问题，请与本社销售中心联系调换（联系电话：010-57512564）

Preface | 前言

生命健康是人类社会永恒不变的追求目标，生物医药的发展也是以增进人类的健康为终极目标的。20世纪中后期以来，生物医药产业进入迅猛发展的时代，与人类健康和社会经济发展密切相关，在科学和经济社会领域中发挥着日益重要的作用。生物医药产业已经成为全球最前沿的新兴技术产业之一，是实现新一轮科技革命和产业提升的主力军。世界主要发达国家和新兴经济体对生物医药产业的发展作出了重要战略部署。随着生命科学和生物技术发展的日新月异并取得重大突破，生物医药发展已经进入新的发展阶段。

我国正处于百年未有之大变局的重要战略机遇期，生物医药发展与全球生物技术革命和产业变革浪潮形成重大历史性交汇。生物医药作为今后一段时期我国科技经济战略的重要内容，为应对生命健康、粮食安全等重大挑战提供了新的解决方案，为建设更高水平的健康中国提供了有力支撑。《中华人民共和国国民经济和社会发展第十四个五年规划和2035年远景目标纲要》提出，要发展壮大战略性新兴产业，构筑产业体系新支柱，推动生物技术和信息技术融合创新，加快发展生物医药、生物育种、生物材料、生物能源等产业，做大做强生物经济。生物医药也是粤港澳大湾区尤为关键的战略性新兴产业，是创新驱动发展的重要增长极。推动生物医药协同创新，是粤港澳大湾区建设不可或缺的重要组成部分，是粤港澳产学研深度融合、丰富“一国两制”事业发展新实践的先行突破口，也是我国实施健康中国战略极为有力的支撑。

作为粤港澳大湾区建设的重要组成部分，生物医药协同创新发展受到高度关注。基于此，《粤港澳大湾区生物医药产业协同创新研究》一书对生物医药发展的总体趋势进行研判，然后梳理和分析大湾区生物医药协同创新的内涵及重大意义，进而对粤港澳大湾区各大城市生物医药的基础和条件及优势进行剖析，再重点对国际国内先进地区生物医药协同创新发展的经验进行总结，在此基础上，明确大湾区生物医药协同创新的路径选择，并提出粤港澳大湾区生物医药协同创新的对策建议，具体包括推动大湾区生物医药技术协同创新、加快大湾区生物医药科技成果转化协同创新、完善大湾区生物医药服务体系协同创新、构建大湾区生物医药协同创新的重大平台、加快大湾区生物医药要素流动协同创新等方面。

本书分为十章内容。第一章为生物医药的内涵及国际国内发展趋势，重点对生物医药的内涵及特征及国际国内生物医药创新发展呈现的特点及趋势进行研判。第二章为粤港澳大湾区生物医药协同创新的重大意义，重点分析并对协同创新理论、创新价值链理论、区域创新系统理论等进行论述，进而分析粤港澳大湾区生物医药协同创新的重大意义。第三章为粤港澳大湾区生物医药协同创新的基础与优势，重点从粤港澳大湾区生物医药创新的总体优势、生物医药产业的支持政策力度持续加大等方面分析大湾区生物医药创新发展的基础条件，并对香港、澳门、广州、深圳及大湾区其他城市生物医药发展的优势进行梳理。第四章为粤港澳大湾区生物医药协同创新的国内外经验借鉴，重点对欧美、亚洲及国内生物医药协同创新经验进行总结归纳。第五章为粤港澳大湾区生物医药协同创新的策略与路径，重点从制定粤港澳大湾区生物医药协同创新发展蓝图、打造创新链深度融合的现代化创新生态体系、打造能级量级领先全球的生物医药产业集群等方面提出大湾区生物医药协同创新的策略与主导路径。第六章为粤港澳大湾区生物医药技术应用的协同创新，重点从推进生物医药基础研究和应用研究相结合、设立大型生物医药科技研究机构、支持建设生物医药国际化临床试验中心、推动粤港澳中医药协同创新合作等方面提出推动大湾区生物医药技术协同创新的对策建议。第七章为粤港澳大湾区生物医药科技成果转化的协同创新，重点从加强大湾区高校与企业之间的协同创新合作、健全大湾区专业化生物医药技术转移服务机构、优化大湾区生物医药科技成果转化机制等方面提出大湾区生物医药科技成果转化协同创新的对策建议。第八章为粤港澳大湾区生物医药服务体系的协同创新，重点从建立生物医药科研服务的一站式服务平台、加大生物医药协同创新的资金支持力度、引进并培育生物医药领军及专业人才以及深化港澳与内地跨境医疗服务合作等方面提出完善大湾区生物医药服务体系协同创新的对策建议。第九章为粤港澳大湾区生物医药协同创新的重大平台建设，重点对粤澳合作中医药科技产业园、广州科学城生物产业基地、深圳（坪山）国家生物产业基地，以及大湾区佛山、东莞、珠海、中山等其他城市重要平台生物医药发展情况进行分析，并提出构建大湾区生物医药协同创新重大平台的对策建议。第十章为粤港澳大湾区生物医药协同创新的要素流动保障，重点分析大湾区生物医药创新要素流动的制约因素，并提出加快生物医药要素流动协同创新的对策建议。

本书的研究有四大特点。

一是注重战略性分析。本书分析新形势下生物医药创新发展的总体趋势，结合我国重大发展战略，在国家层面指明粤港澳大湾区生物医药协同创新的重大意义，明确生物医药协同创新是粤港澳大湾区加快实现高水平科技自立自强的重要抓手、开放型区域协同创新共同体的重要组成部分、产学研用深度融合的重要路径以及建设世界一流湾区的重要支撑。

二是运用丰富的数据和案例进行分析。本书通过大量数据和案例的搜集，对粤港澳大湾区生物医药创新的总体优势，香港、澳门、广州、深圳及大湾区其他城市生物医药发展的优势进行全面梳理，并与长三角等地区的生物医药创新情况进行对比分析，充分体现了粤港澳大湾区生物医药协同创新的优势、短板及竞争力的变化，为粤港澳大湾区生物医药协同创新的路径选择提供依据与支撑。

三是坚持问题导向，找准需要解决的问题。本书结合笔者近年来对生物医药行业的观察、研究及调研等，以问题为导向，从大湾区生物医药技术协同创新、科技成果转化协同创新、服务体系协同创新、要素流动协同创新等方面剖析目前存在的主要问题，为推动粤港澳大湾区生物医药协同创新找准突破口与切入点。

四是具有一定的政策建议性。本书在对大湾区生物医药协同创新的优势条件、经验借鉴、存在的主要问题进行分析的基础上，明确大湾区生物医药协同创新的路径选择，提出推动大湾区生物医药技术协同创新、加快大湾区生物医药科技成果转化协同创新、完善大湾区生物医药服务体系协同创新、加快大湾区生物医药要素流动协同创新、构建大湾区生物医药协同创新的重大平台等方面的对策建议，对推动大湾区生物医药协同创新具有一定的参考作用。

本书致力于为政府部门、研究机构及社会各界提供素材与参考，并为推动粤港澳大湾区建设、区域间生物医药协同创新及健康中国战略做出积极贡献。

Contents | 目录

第一章

生物医药的内涵及国际国内发展趋势

现阶段，随着生命科学、生物技术不断取得重大突破，生物医药（Bio Pharmaceutical）被赋予了新的发展动力和内涵。从国际国内生物医药产业的发展情况来看，生物医药产业整体呈现新的发展趋势。随着我国生物医药产业的发展，其作为战略性新兴产业在国民经济社会发展中的战略地位不断提升。“增长”“创新”“数字化”等是全球生物医药发展趋势的关键词，推动了生物医药产业的发展和壮大。

一、生物医药的内涵及特征

生物医药是粤港澳大湾区生物医药协同创新的基础与出发点，涉及生命科学、工程科学、医学等多个领域，具有高效性、多样性、创新性等特征，为大湾区生物医药协同创新提供了广阔的空间。

（一）生物医药的内涵

生物医药研究生命系统各个层次的结构、功能、进化，融合吸收了数学、物理学等多学科的成就。生物医药的发展推动了医学、农业等方面的发展，与人类健康及社会经济发展息息相关。生物医药产业主要包括生物药、化学药、现代中药、医疗器械、医疗服务、健康养老等领域，高技术、高投入、高风险、高收益、长周期是行业的发展特征。广义的生物医药产业由生物技术产业和医药产业共同组成，可根据药物结构、原料来源以及生理功能的不同进行分类。生物医药即医药与生物技术的结合，用于疾病预防、治疗或诊断。

现代医药产业的起源可以追溯到 19 世纪下半叶，当时人们发现染料具有消毒杀菌的功能。罗氏、汽巴嘉基（Ciba-Geigy）及山德士（Sandoz）等当时在瑞士巴塞尔附近从事染料加工的家族企业，开始逐步转向合成制药的生产，并成为该产业的主要参与者。20 世纪 70 年代，生物技术的突破推动了医药产业逐步与生物技术产业融合，推动并加快了传统的化学制药向生物医药的转变。同时期 DNA 重组技术和单克隆抗体技术的发现，意味着生物医药产业的正式产生。对于生物医药，目前尚未有统一的定义。狭义的生物医药是指基于基因工程、抗体工程或细胞工程等技术，利用源自生物体内的天然物质生产的复杂大分子药物，包括重组蛋白、基因工程疫苗、单克隆抗体治疗等。广义的生物医药是指利用生物技术生产的在生物体内存在的天然活性物质（胡显文等，2004）。生物医药涵盖了基因工程、细胞工程、大规模蛋白纯化制备技术、生物信息技术与生物芯片、微生物发酵工程、生物电子工程、生物反应器、蛋白质工程、生物材料及酶工程等构成的生物技术，以及细菌、酵母、昆虫、植物和哺乳动物等各种生物的特定细胞组成的天然活性物质①。

生物医药将生物技术应用到医疗器械、医疗服务等领域，预防、诊断和治疗疾病，产业链分为药物发现、临床试验、药品制造、药品销售与流通四个环节（见图 1-1）。生物医药产品除一般产品研发、制造、销售与流通环节外，还需临床前/临床试验这一步骤，其中在新药研究申请之后还需进行 3 期临床试验，全部通过后再进行新药申请，因此生物医药上市所需时间较长，通常在 10 年以上。

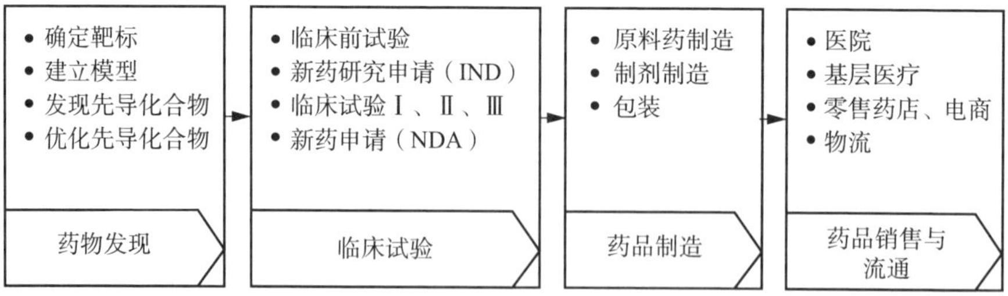

图 1-1　生物医药产业链

① 陈波．我国生物医药产业创新平台运行与治理研究［D］．上海：复旦大学，2014.

（二）生物医药产业的特征

生物医药产业是指与药物研发、生产、分销及监管有关的企业和组织的集合，这些企业和组织的主要活动涵盖了药物全生命周期中的各种关联活动，包括药物原材料的生产与供应，制药器械的生产，药物的研究与开发，药物的制造、销售、流通和使用，药物的监督管理以及与医药相关的人才培养和教育等具体活动①。生物医药产业的特征主要体现在以下四个方面②。

一是“现实需求+自由探索”的创新驱动。在国家安全、粮食安全和生物安全等的强大推动下，生物医药在重大现实需求和自由探索的驱动下迅速发展。癌症研究、疫苗研究和杂交水稻等体现了社会对生命健康、粮食安全等方面的重大需求，有针对性地推动了基础科学问题与关键技术的发展和创新，研究成果也为人类作出了重大贡献。

二是生物医药产业体现了多学科知识的交叉融合。生物医药产业是技术密集型、知识密集型产业，需要有较强的人才和技术储备，对技术的要求非常高，综合了物理学、化学、数学、工程学、信息科学等学科领域的发展。生物医药学提供了新的研究工具和技术方法，加快了生物医药的产业发展。例如，冷冻电子显微镜、原子力显微镜等先进仪器的发明便于科研人员观察到蛋白质的构象变化和实现对原子的操控，而 X 射线衍射技术的运用帮助科学家破解了 DNA 双螺旋结构。自动化技术和纳米技术、微流体等小型化技术的引入实现了 DNA 测序快速化、自动化和个性化，计算机技术和网络技术的发展推动了基因数据的存储和加工。

三是生物医药产业呈现资本密集型特征。生物医药产业需要大规模的资金投入，其中资金投入的绝大部分用在了生物医药的研发阶段，包括研发设备的采购、研发人员的费用、新技术的引进等。而生物医药企业基础设施的建设、产品生产线的建设也需要大量的资金投入。由于受生物医药

---

① 陈波．我国生物医药产业创新平台运行与治理研究［D］．上海：复旦大学，2014.

② 陈捷，曲静，娄智勇，等．生物学特征、趋势及资助对策研究［EB/OL］．［2022-04-20］．http：//ydyl. china. com. cn/2022-04/20/content_78176356. htm

试验材料生产周期、生物体自身特点等客观因素影响，生物医药研发周期较长。新药研发周期通常在15~20年，在前期药物发现阶段需要基础研究的大力支撑，使得生物医药产业盈利周期较长。因此，生物医药行业在战略性新兴产业中属于发展周期较长的产业，从临床前研究到上市，生物医药品种需要持续的、大量的研发投入及研究。

四是生物医药产业受到政府的严格规制。生物医药产业与人类生命健康和安全密切相关，同时又极受社会伦理道德的约束，因而生物医药产业受到政府最严格的规制。政府对生物医药产业的规制包括安全、疗效、生产质量、市场准入、促销和价格等多个方面，规制措施涵盖了生物医药产品的全生命周期（Patricia and Eric，2005）。由于生物医药产品的安全性和疗效对患者的健康极为关键，而患者和公众对药品的安全性和疗效难以准确判断，因此，对药品的安全性和疗效进行评估是药品获得市场准入的前提条件，对生产质量和促销信息准确性的监管是确保药品质量的基础。此外，随着生物医药的发展，新成果、新技术层出不穷，基因组学和基因编辑、辅助生殖、脑科学及人工智能等科技的发展，强化了人类认识和改造自然的能力。同时，由于与“生命”相关，伦理问题也受到广泛关注，生命伦理问题涉及社会的道德取向和价值规范，深层影响着社会秩序。现阶段，我国伦理相关法律法规逐步完善，监管制度、伦理审查规定逐步更新形成政府、企业、研究机构、社会公众多方参与的伦理管理体系。

二、全球生物医药创新发展的趋势

近年来，全球生物医药发展迅猛，美国、欧洲、日本等世界主要国家和地区纷纷聚焦于发展生物医药产业。现阶段，基因工程、细胞工程、酶工程等现代生物技术快速发展，生物医药研发在基因操作、生物治疗、基因治疗、蛋白质工程和生物信息等领域取得突破。目前，美国、欧洲和日本的生物医药产业处于全球领先水平，产业集群发展程度较高。

（一）生物医药产业呈现增长态势

根据Statista统计，全球医疗健康市场规模在2001—2021年持续扩大，以全球医药行业为例，现阶段全球医药行业市场规模已达 1.4 万亿美元，尤其是受新冠疫情的影响，健康更加得到重视，全球生物医药产业在多因素驱动下，已经形成持续性的增长态势（见图 1-2）。

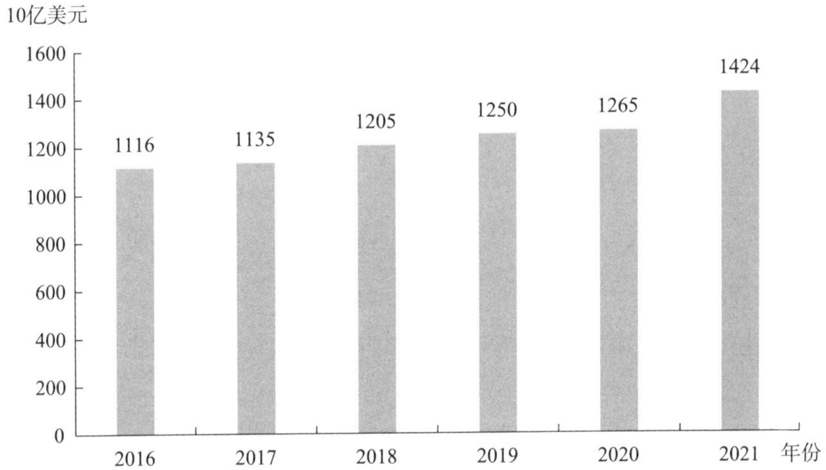

图 1-2　全球医药行业市场规模

从资本角度来看，近年来，全球和中国大健康领域投融资总额整体保持快速增长态势，诸如生物医药、医疗器械、互联网医疗等成为投融资的重点。2021 年，全球医药领域投融资创 580.2 亿美元新高。此外，各大型生物医药类企业积极成立产业基金，推动自身业务扩张，投资方向包括医疗器械、生物医药、医疗服务等。

（二）生物医药产业创新发展加速

创新是生物医药产业发展的内在驱动力，以生物科技推动研发新药，生物医药企业才能形成有效的技术壁垒，推动企业可持续发展。*Science* 杂志创刊 125 周年之际，发布了 125 个挑战全球科学界的重要基础问题，其中涉及生命科学的问题约占 54%（共 68 个）；2019—2021 年，*Science* 杂志评选的“年度十大科学突破”中，与生物学相关的占 17 项[①]，生物学研究

① 陈捷，曲静，娄智勇，等．生物学特征、趋势及资助对策研究［EB/OL］．2022-04-20，http：//ydyl.china.com.cn/2022-04/20/content_78176356.htm.

已成为全球科技创新的战略制高点。

从创新研发投入看，研发投入也逐步增加。2021 年 3 月，根据中国外商投资企业协会药品研制和开发工作委员会（RDPAC）发布的报告，从美国的创新药数量看，2014—2019 年，美国每年平均产生创新药高达 43 个①。英国医疗健康领域的调研咨询机构 Evaluate Pharma 发布的《2021 年全球生物医药行业评估暨 2026 年展望》显示，2020—2026 年，全球生物医药研发支出预计以 4.2%的年复合增长率增长，2026 年将达到 2540 亿美元。

在《制药经理人》公布的 2021 年全球制药企业 50 强中，欧洲、美国和日本分别有 17 家、14 家和 9 家企业上榜，占比高达 80%。美国有 48 家企业专利申请数位列全球前 100，其专利总数为 12059 件，占全球总数的 45.92%。其次是瑞士，有 4 家企业上榜，专利总数高达 3687 件，占比 14.04%，中国专利总数为 1425 件，位列全球第五。全球生物医药创新发展成为重要的趋势特点。

从世界范围看，科技发达国家纷纷将生物学研究列为提高国家核心竞争力的战略措施。例如，美国于 2012 年发布了纲领性文件《国家生物经济蓝图》，前瞻布局并加速投资生物学研究，以解决医疗卫生、制造业、能源、农业和环境等多方面的重大问题；2020—2021 年发布的《无尽前沿法案》《确保美国科学技术全球领先法案》《美国国家科学基金会（NSF）未来法案》等进一步提出加大对生物科学领域的基础研究投入。英国、法国、日本等国家也陆续发布促进生命科学、生物技术、产业经济和生物安全等相关战略规划，提前并加大力度部署生物医药创新发展。

（三）生物医药与数字化发展加速

现阶段，越来越多的生物医药企业和医疗科技企业正在加快推动生产业务的全面数字化，在产业链各环节中推广使用信息技术（IT）和运营技术（OT）融入生产过程中。数字化赋能生物医疗成为重要的发展趋势，临

① 赛迪观点：我国向生物医药强国迈进的五大创新发力点［EB/OL］.［2022-07-18］. https://baijiahao.baidu.com/s?id=1738651160097230659&wfr=spider&for=pc.

床信息采集数字化、线上咨询、线上药房、远程医疗、互联网医院等是主要的应用方式。产业数字化已成为生物医药产业创新的重要基础条件，对于提高行业创新效率、加快全球生物医疗相关的资源高效整合以及推动区域产业集聚发挥了重要的作用。

近年来，跨国药企和医疗机构加大对数字科技的投资力度，数字科技在医学上的应用推动了生物医药产业的快速发展。数字技术在多方面赋能医疗服务，如提供更好的服务整合、协助早期发现并降低治疗风险、预测并协助管理健康需求、优化临床数据质量以提供更及时、更高效且更安全的医疗服务。在技术革新联动的管理变革下，生物医药在科技应用方面日趋成熟，数字科技赋能的关注点主要在速度和便利性的提升方面，数字化发展不仅推动商业模式创新实践，也带来了更加便捷的医疗服务和体验。随着高科技更深入地融入生物医药领域，现阶段数字化、信息化等科技化成果将为生物医药产业的未来发展带来更多可能性。

三、我国生物医药创新发展的趋势

目前，我国生物医药产业形态从仿制追随转变为自主创新，集中在肿瘤、自身免疫病、抗病毒、神经系统疾病和代谢性疾病等治疗领域。生物医药是我国与发达国家差距较小、有可能实现跨越式发展的领域。加速生物医药产业发展是维护我国国家安全、改善国际经济格局和增强综合国力的重要战略部署，有利于推动经济增长方式的深刻变化以及大幅提高人民生活质量。生物医药产业作为战略性新兴产业，是我国经济增长的重要助推器，基因编辑和细胞工程等技术带来的革命性改变，为生物医药的长足发展带来了新动能。

（一）我国生物医药发展前景良好

我国生物医药产业起步较晚，但随着生物医药产业在世界范围内影响程度的加深，我国也开始逐渐重视生物医药产业的发展。早在 1986 年的“863”计划中，我国就将生物技术列为重点发展对象。20 世纪 90 年代至 2007 年，我国生物医药产业每年都以 15%～30%的速度增长，远超全球医药行业的发展速度。但是，2008 年，受全球金融危机影响，众多中小生物医药企业难以生存，导致我国生物医药产业的增长速度明显下降。随着我国医疗改革的推进与生物医药的发展，在经历了两年的企稳回升阶段之后，我国生物医药产业在 2011 年实现了总体的平稳增长，产业规模达到 9238 亿元①。

“十一五”时期，我国提出“以生物和医药技术为重点”。在“十二五”规划中又将生物医药产业列为七大战略性新兴产业之一。“十三五”时期，提出要“提升生物技术原创性水平”“打造生物技术创新平台”“强化生物技术产业化”三大具体指标体系②。“十三五”时期，我国规模以上医药企业研发投入年均增长约 8%。2021 年，创新药和创新医疗器械获批上市数量逐步增加。我国生物药品制造、基因工程药物和疫苗制造等子行业营业收入 5918 亿元，同比增长 113. 8%，科创板上市企业中生物企业占 1/3。同年，我国医药工业增加值累计同比增长 23. 1%，比全部工业整体增速高出 13. 5 个百分点。医药工业增加值占全部工业增加值比重持续上升，占比达到 4. 1%，对稳定工业经济增长的作用进一步增强。20 世纪 60 年代以来，我国逐步推动了生物医药领域重点关键技术和共性技术的产业化，取得了重大发展成就（见表 1-1）。

表 1-1　我国生物医药部分重大发展成就

序号	时间	重大成就
1	1961 年 5 月	中国科学院上海实验生物研究所成功研究用人工单性生殖方法获得母蟾蜍
2	1979 年 12 月	我国人工合成核糖核酸研究取得重大突破
3	1980 年 8 月	我国人造血液研究获得成功
4	1988 年 5 月	一项世界性基因工程研究的前沿课题——人类干扰素基因在植物中的运用，首先在我国取得突破
5	1997 年 11 月	杨焕明、于军、汪建等提出一整套具有前瞻性的战略构想，孕育了中国基因组学的发展

① 杨波．生物医药产业创新能力评价体系的研究及提升策略［D］．沈阳：沈阳药科大学，2013.

② 张海龙．中国生物医药产业创新发展对策研究［D］．长春：吉林大学，2019.

续表

序号	时间	重大成就
6	2002 年 4 月	美国《科学》杂志以封面文章的形式发表中国水稻（籼稻）基因组工作框架图学术论文
7	2008 年 10 月	华大基因完成大熊猫基因组测序
8	2011 年 6 月	华大基因破译德国致死性大肠杆菌疫情病原体基因组，并在国际著名杂志在线发表研究成果
9	2020 年 1 月	华大基因成功研制新型冠状病毒核酸检测试剂盒，并在之后陆续向全国捐赠超过 13 万人份
10	2021 年 9 月	中国科学院天津工业生物技术研究所研究人员以二氧化碳、电解产生的氢气为原料，成功生产出淀粉，在国际上首次实现了二氧化碳到淀粉的从头合成，使淀粉生产从传统农业种植模式向工业车间生产模式转变成为可能
11	2022 年	华大生命科学研究院汪建、徐讯领导的团队基于自主 DNA 纳米球测序技术，研发了高精度大视场空间转录组技术，将认识生命的分辨率推进到了 500nm 的亚细胞级，相比过去同类技术，分辨率提升了 200 倍

资料来源：《中国的科技创新之路经验与反思》、人民网等。

总体上，我国生物医药产业市场规模保持稳定扩大，头豹研究院相关数据显示，中国生物药市场规模从 2020 年的 3870 亿元增长至 2022 年的 5759.7 亿元，截至 2022 年 12 月底，我国生物药品制造行业规模以上企业实现销售收入 3655.34 亿元、实现利润总额 808.86 亿元。医疗服务、医疗器械和药物需求是生物医药产业发展的重要支撑，健康管理、互联网医疗和综合性 CXO 企业等细分领域将推动新兴技术企业成为拉动经济发展的重要支撑。

从医疗器械行业看，我国医疗器械市场发展前景良好，国际管理咨询公司罗兰贝格发布的《中国医疗器械行业发展现状与趋势》报告显示，2022 年，中国医疗器械市场规模预计达 9582 亿元，近 7 年复合增速约为 17.5%，已成为全球第二大市场。预计到 2025 年，我国医疗器械市场规模将扩大至 13900 亿元。从健康管理行业看，在大健康理念普及、保健意识普遍提高的环境下，健康管理的精细化、线上化趋势逐步显现，疾病预防和慢病管理的需求显著扩大。人口老龄化及慢性病患病率上升、人均可支配收入增加等是推动我国医疗健康产业发展的主要因素。在互联网医疗的发展趋势下，我国生物医药及健康管理行业将迎来巨大的发展空间。

（二）在政策上大力支持生物医药发展

推动生物医药协同创新发展，是前瞻布局培育壮大生物产业的重要举措，是提升我国实现高水平科技自立自强的重要支撑。近年来，国家和相关部门大力支持生物医药与健康产业发展。2018 年，《国务院关于全面加强基础科学研究的若干意见》指出要“强化基础研究系统部署”，加强基础前沿科学研究，加强量子科学、脑科学、合成生物学、空间科学、深海科学等重大科学问题的超前部署。

我国《“十四五”生物经济发展规划》《“十四五”医药工业发展规划》《“十四五”智能制造发展规划》等政策文件均对生物医药、健康医疗等领域的创新发展给予了大力支持与系统推进。加快发展生物医药、生物育种、生物材料、生物能源等产业，并加强预防、治疗、护理、康复有机衔接，发展高端医疗设备成为生物医药发展的重点方向。我国生物技术和生物产业加快发展，将成为推动区域高质量发展的强劲动力。

在“健康中国 2030”背景下，完善生物医药管理体制的创新政策初步出台，生物医药产业事中事后监管不断加强，包括采用“上市许可持有人”（MAH）制度，加快/优化药品审批流程，鼓励研发和创新，实行医保目录动态调整，引入政府主导价格的准入谈判等，此外，“两票制”、一致性评价、药品零加成、医保控费等新医改政策的陆续出台和落实，进一步规范和提高了行业门槛。

（三）呈现创新化、数字化发展趋势

在国家鼓励创新的大背景下，我国医药创新步入快车道，医药研发投入、在研新药数量均大幅增长，完成临床研究申报上市品种日渐增多，获批创新产品数量呈现逐年快速递增态势。2021 年，我国创新药和创新医疗器械获批上市数量再创新高，为近 5 年来最高水平。随着我国生物医药产业监管制度和政策的完善，我国创新药上市周期逐步缩短。2015 年之前，中国创新药的批准时间相较于海外医疗先进国家要多 5~7 年，目前，随着我国医药合同研发机构（CRO）和医药合同研发生产机构（CDMO）行业

的发展，创新药上市时间加快，缓解了初创企业人力与临床资源不足的矛盾。

我国生物医药重视研发投入，基础研究是创新发展的第一步，是为创新药提供突破性和创始性的源头。在2021年发布的《中华人民共和国国民经济和社会发展第十四个五年规划和2035年远景目标纲要》中，明确提出基础研究经费投入占研发经费投入比重提高到8%以上。“重大新药创制”科技重大专项于2008年启动，使我国从以前的仿制为主逐渐转变为创制为主，我国对全球医药研发的贡献率上升到4%~8%，跨入全球第二梯队①。

根据西湖大学未来产业研究中心发布的《未来产业发展趋势研究2023：未来生物医药》，我国未来生物医药产业需重点关注领域包括重组抗体技术、小分子抑制剂技术、高通量测序技术等（见表1-2）。细胞治疗技术、药物偶联物技术、新型药物递送技术等也是未来生物医药技术创新的重要趋势。

表1-2　我国生物医药未来发展的重点创新方向

类别	内涵	应用
重组抗体技术	重组抗体是指利用重组DNA等分子生物学技术产生的抗体	重组蛋白类药物将在癌症、传染病、免疫、内分泌代谢和神经系统等疾病防治领域发挥巨大作用
小分子抑制剂技术	小分子抑制剂是指一类能够靶向作用于蛋白，分子量小于1000道尔顿的有机化合物分子	小分子抑制剂将更广泛地应用于癌症治疗及其他治疗领域
高通量测序技术	高通量测序是指以高通量、快速、高效、经济的方式对各种生物序列（如DNA、RNA、蛋白质等序列）进行测序	高通量测序技术将被更广泛地应用于生物医药领域，成为精准医疗等现代医学领域的重要基石；高通量蛋白质测序或将成为继高通量基因测序之后的新的产业化增长点
治疗性基因编辑技术	治疗性基因编辑是指一类通过对基因进行靶向编辑进而获得治疗效果的疗法	治愈一些目前尚无良好疗法的疾病（如基因缺陷性疾病）

① 王美华．“重大新药创制”科技重大专项收官［N/OL］．人民日报，［2021-02-02］．https：//www.gov.cn/xinwen/2021-02/02/content_5584285.htm.

续表

类别	内涵	应用
AI等信息化技术在生物医药领域的应用	即“人工智能+生物医药”，是指企业和研究机构通过将人工智能与生物医药结合以实现生物医药领域的创新突破	“人工智能+生物医药”在生物医药的诸多子领域（如新药开发、酶及蛋白质设计、医学图像分析、疾病预测、疾病预防、智能诊断、精准医疗等）都有所应用

资料来源：根据公开资料整理。

我国生物医药产业的创新发展同样离不开向数字化转型。数字化转型是全国及全球的发展方向，数字技术应用在生物医药的早期研发、数据采集、供应链等多方面，是我国生物医药产业创新发展的加速器。目前，我国生物医药数字化应用场景主要包括数字加速研发、临床试验智能管理、数字个性化服务、数字营销、生产工艺数字转型、电子处方等方面（见图1-3）。

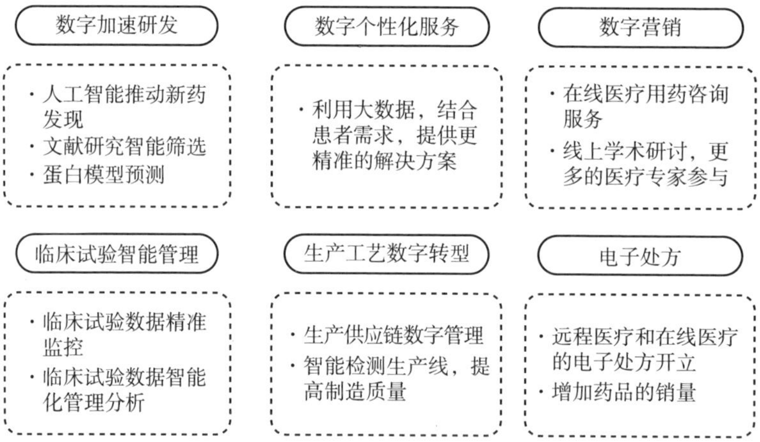

图1-3　中国生物医药产业的数字化应用场景

（四）生物医药产业园区集聚发展

近年来，我国在生物医药领域建设了一批工程研究中心、国家级企业技术中心和一批重要高技术成果产业化项目，重大疾病防治技术研发取得了重要突破，建成了一批生物医药高技术产业化示范工程，形成了特色鲜明、集聚度较高、产业链比较完善的生物产业集聚地。从我国的生物医药产业园来看，园区是产业集聚发展的重要体现，园区发展找准产业定位，积极引进企业入驻，提升产业聚集度，提高创新能力，完善产业链，拓宽企业融资渠道，确保产业可持续发展。目前，我国生物产业正在逐步形成环渤海、长三角、珠三角、中部长江经济带、川渝等主要集聚区，呈现空间布局上的集群式特点，以企业为主体、产学研结合的创新体系建设日趋完善。我国生物医药园区集聚发展在明确园区产业规划定位、聚集企业、拓宽企业融资渠道、完善生物医药产业链等方面的发展特点如表 1-3 所示。

表 1-3　我国生物医药园区发展特点

类别	发展情况
明确园区产业规划定位	目前国内各个园区地理位置、交通设施、学校和科研等资源均有所不同，总体上能够因地制宜、根据实际情况选择方向，明确规划定位，大多是发展以生物制药、器械制造等为主导产业的制造业或以人才科研为主的医药研发
聚集企业	大型生物医药园区中，上市企业集聚现象明显，但目前国内生物医药园区发展不均衡，大部分园区发展仍处于初步阶段，需要通过吸引龙头企业入驻，扩大产业规模
拓宽企业融资渠道	生物医药的研发通常需要 10 年以上的时间，需要大量的资金投入。园区发展目前大多除政府产业引导基金外，还以设立园区生物医药产业基金、吸引 VC/PE 机构投资等方式为企业拓宽融资渠道
完善生物医药产业链	目前，发展时间较长、产业规模较大的产业园，其产业链结构更为均衡，而发展初期，园区则以下游生物医药、医药器械的流通为主，上游研发和中游制造的企业较少，随着生物医药园区的发展，产业链完整度将不断提升，形成园区内以及园区间产业链上下游企业联动
产业创新能力	生物医药作为知识密集型和技术密集型产业，创新是企业的核心竞争力，也是推动产业结构升级、提高经济增长效率的根本。相比高校、科研机构的产业园具有集聚创新资源的优势，但引进、留住人才仍是关键，需进一步营造良好的创新氛围和文化环境
产城融合	在园区建设过程中，要实现生产与生活、企业和社区间的融合，为园区工作人员提供舒适的工作、生活环境，目前，大多数园区在产城融合方面仍需加大力度，以此提高生产效率，保障园区长久持续发展

资料来源：根据公开资料整理。

以长三角地区为例，我国长三角地区基础实力雄厚，发展势头迅猛，占位优势明显。生物医药产业对经济发展的带动效应日益凸显，已成为促进经济增长的重要产业。现阶段，在上海市、江苏省、浙江省、安徽省等地积极推动生物医药产业园区发展，已经形成具有特色的产业集群，（见表1-4）。

表1-4 长三角地区部分城市区域生物医药产业集群特色

省份/地区	区域	产业特色	优势
上海市	张江	生物药、创新药、高端医疗器械	人才、科研院所、大实验装置、临床资源、创新平台、国际联系等创新链环节优势凸显
江苏省	连云港	生物药、现代中药	生物医药产值位居全国之首，初步形成各地特色优势
	南京	基因	
	昆山	小核酸产业	
	泰州	生物制药、疫苗	
浙江省	杭州	新药研发、医疗器械、医疗数据	发挥生物制造与数字经济融合优势，形成了以杭州为国家生物产业基地和以台州国家化学原料基地为核心的产业格局
	宁波	医疗器械	
	绍兴	高端化学药品制剂、生物技术药物、先进制药设备	
安徽省	亳州	现代中药	着力构建国内领先的现代医药产业体系，目前基本形成亳州、合肥、阜阳差异化发展、三足鼎立格局
	合肥	生命健康产业、医疗器械	
	阜阳	现代医药	

资料来源：根据公开资料整理。

第二章

粤港澳大湾区生物医药协同创新的重大意义

粤港澳大湾区建设是习近平总书记亲自谋划、亲自部署、亲自推动的重大国家战略，肩负着打造世界一流湾区的重要使命。生物医药是大湾区的优势产业，推动大湾区生物医药协同创新，具有重大的现实意义与历史意义。推动区域之间的协同创新是粤港澳大湾区生物医药发展的关键，是推动大湾区成为我国经济新增长极的有效路径。

一、生物医药协同创新的理论分析

粤港澳大湾区生物医药协同创新研究①的理论涉及协同理论、创新价值链理论、区域创新系统理论等，协同理论体现了协同创新的重要形式，主要是以合作、协作的方式推动创新发展。创新价值链理论体现了协同创新不同环节的重要价值，包括企业产品研发、技术设计、技术改进、技术实现等环节，强调产业链、价值链视角的协同创新。区域创新系统理论体现的是协同创新的区域性、系统性，强调不同区域之间创新资源的整合，是系统角度下的协同创新。

（一）协同理论

“协同”一词源自古希腊语“Synergia”，意思是合作、协作。在系统学中，协同是指系统中诸要素或各子系统间的相互合作和共同作用，有助于整个系统的稳定和有序，能从质和量两个方面放大系统功效。赫尔曼·哈肯（Herman Haken）于 1971 年首先提出了“协同”的概念，用以反映复杂系统的子系统间的协调合作关系，并提出了“协同学”理论框架。

协同理论的内涵主要体现为协同效应，协同效应是指由于协同作用而

---

① 本书的粤港澳大湾区生物医药协同创新研究即指粤港澳大湾区生物医药产业协同创新研究。

产生的结果，复杂开放系统中产生的整体效应对于千差万别的自然系统或社会系统而言，均存在着协同作用。复杂系统在外来能量的作用下，子系统之间会产生协同作用，协同作用是形成复杂系统的内驱力。在一定的外部资金流、信息流等输入的条件下，系统会通过大量子系统之间的协同作用而形成新的时间、空间或功能有序结构。协同创新是指不同创新主体以资源共享或优势互补为前提，以合作各方的共同利益为出发点，科学分工，通过创新要素有机配合，经过复杂的非线性相互作用，产生单独要素所无法实现的整体协同效应的过程[①]。

（二）创新价值链理论

结合迈克尔·波特（Michael E. Porter）的价值链理论模型，对产业链上的各个部分之间的协同创新，包括基础、原理和算法的创新，再到产品创新、技术创新、工艺创新以及真正体现价值共享的商业模式创新等，进行基于价值链创新的理论分析。

熊彼特（Joseph Alois Schumpeter）首次提出了创新理论，他认为："创新是在企业内部进行的一种改变与完善的过程，经济发展主要是通过经济体系自身的改变而引起的改变。"[②] 创新价值链（Innovation Value Chain，IVC）目前尚未形成统一而权威的定义[③]。创新价值链被认为是由Morten T. Hansen 和 Julian Birkinshaw 在 2007 年的《哈佛商业评论》上发表的一篇题为 *The Innovation Value Chain* 的论文中提出，创新是循序渐进的过程，在此基础上，技术创新理论与价值链理论结合，覆盖了产业链、价值链、技术链、创新链等概念（马云俊，2013）。创新价值链由基本单元和链接单元构成链式结构，伴随着知识流动与交换发生在不同环节，其内涵突出表现在知识性和价值性上。

在知识视角下，Morten T. Hansen 和 Julian Birkinshaw（2007）认为，创新价值链分为创意产生、创意转换和创意扩散三个阶段。创新过程一般

---

① 孙长青．长江三角洲制药产业集群协同创新研究［D］．上海：华东师范大学，2009.

② 杨波．生物医药产业创新能力评价体系的研究及提升策略［D］．沈阳：沈阳医药大学，2013.

③ 张钟元．创新价值链结构视角下企业创新效应研究［D］．沈阳：辽宁大学，2020.

指通过收集所需要的知识转化为创新成果。企业是创新主体与市场多主体部门合作，推动知识生产、应用的创新过程，知识价值在不同环节中以新产品价值体现出来。

从价值视角看，最早定义的创新价值链是指从研发到生产、销售，直至提供健康服务的过程；创新价值链是由企业主导的知识创新、科研创新和产品转化创新三阶段组成的发展过程（余泳泽，2009）。最新研究提出创新价值链的三阶段为基础研究、应用研究和试验发展，基础研究对应创新的产生和知识创新，应用研究对应创新的转化和科研创新，试验发展对应知识的传播和产品创新（余泳泽等，2017）。

张钟元（2020）认为创新价值链的结构可以分为短链、中链和长链，根据创新难度级别递进性（Gereffi G.，1999），将创新活动划分为企业生产、研发和设计阶段。企业产品生产阶段包括商品设计改进、生产技术优化和商品化生产三个环节；企业产品研发阶段包括技术设计、技术改进、技术实现三个环节；企业设计阶段包括原理设计、原理开发和原理可实现技术转化三个环节。

（三）区域创新系统理论

在国家下辖的地区层面的创新系统理论基础上，形成了区域创新系统，并在1992年由Cooke提出。1998年，Braczyketal出版的《区域创新系统：全球化背景下区域政府管理的作用》指出，区域创新系统是指在一定区域范围内，企业、高校及研究机构所构成的组织体系，在特定的植根性环境下相互作用、相互学习，从而进行内部的创新活动和创新输出①。

区域创新系统理论体现了区域性、系统性、协同性。

区域创新系统最重要的特征就是区域性，区域创新系统的发展主要在本地区范围内开展。需要关注的是，区域知识在输出过程中，要素流动的成本会增加，输出的范围也有一定距离上的限制，因此，区域创新系统主要在省域范围及以下开展。

---

① 许斌丰．技术创新链视角下长三角三省一市区域创新系统协同研究［D］．上海：中国科学技术大学，2018.

系统性也是区域创新系统的明显特征，其内涵是整体性、开放性与自组织性。整体性是指区域创新并非独立分割的部分组成，各个要素彼此之间紧密联系，但是相互联系的紧密程度并不相同。开放性是区域创新系统的重要特征，有助于吸引外部的优质资源，以外来技术促进自身区域的持续创新。自组织性体现的是组织的适应性，在区域协同创新活动中，随着外部创新环境与形势的变化，围绕不同创新要求，自主地优化创新资源的选择和升级结构，推动区域创新区域内部的演变，维持系统创新产出的能力。

协同性是指区域内创新主体之间的联系，通过建立经济社会联系，形成创新系统组织，企业、高校、科研院所等是主要的创新主体，这些主体在区域系统内协同发展，加快创新资源的整合，推动区域协同创新发展。

二、粤港澳大湾区生物医药创新发展的最新进展

广东是医药强省①，地理与气候条件优越，中药资源丰富，是全国中药材主产区之一，一些特产药材品种在种植及加工方面具有悠久的历史及丰富的经验。粤港澳大湾区中成药生产起步早，有 1300 多年的历史，中成药发展有着良好的基础。大湾区的医药工业起源于中成药手工作坊，已有 400 多年的历史。改革开放以后，大湾区医药工业发展迅速。20 世纪以后，大湾区医药企业管理方法逐步向科学的现代化管理迈进，已初步形成包括化学原料及制剂、中成药与中药饮片、医疗器械、生物制医药批发和零售在内的，产业链比较完善的现代医药产业体系。长期以来，大湾区始终将医药产业作为重点支持发展的战略性新兴产业来推进，取得了积极的成效。

（一）大湾区生物医药创新能力较强

粤港澳大湾区多年来高度重视生物医药与健康产业的发展，持续加大财政投入力度，支持企业创新发展，力求产业发展保持全国领先地位。从

① 胡明东．生物医药大时代［M］．北京：社会科学文献出版社，2019.

生物医药创新能力看，专利申请量与授权量均领先全国。2020 年，广东省生物医药全产业及各细分领域中国专利申请量达到 46783 件，授权量为 13540 件，授权有效量为 10131 件。广东省生物医药关键技术中国专利统计中，呼吸系统医药、诊断试剂、干细胞医疗的授权有效量分别为 499 件、1820 件、224 件（见表 2-1、表 2-2）。根据《深圳市 2020 年度知识产权数据统计分析报告》，2020 年生物医药产业专利公开量为 525 件，排名全国第三；广州 243 件，排名全国第七（北京 1364 件，上海 1235 件）。

表 2-1　广东省生物医药全产业及各细分领域中国专利统计　　单位：件

	申请量	授权量	授权有效量
全产业	46783	13540	10131
生物药	32190	9098	7110
化学药	9596	4171	3280
中药	10097	2378	1515

资料来源：广州奥凯信息咨询有限公司、《广东省生物医药产业专利导航分析报告（精华版）2020》。

表 2-2　广东省生物医药关键技术中国专利统计　　单位：件

	申请量	授权量	授权有效量
呼吸系统医药	2311	654	499
诊断试剂	5187	2158	1820
干细胞医疗	1341	275	224

资料来源：广州奥凯信息咨询有限公司、《广东省生物医药产业专利导航分析报告（精华版）2020》。

从大湾区的科研平台看，实验室是生物医药协同创新体系的重要组成部分，是突破关键技术的重要载体。在“十四五”规划中，广东省提出，争取到 2025 年，建成 50 家国家重点实验室、450 家省级重点实验室、40 家粤港澳联合实验室。2021 年广东省政府工作报告中，12 次提及实验室建设，并提出要推进国家实验室建设，提高 10 家省级实验室建设水平，这 10 家实验室中，有 2 家涉及生物医药（见表 2-3）。

表 2-3　粤港澳大湾区省级生物医药实验室概况

名称	概况	研究重点
生物岛实验室	生物岛实验室（广州再生医学与健康广东省实验室）成立于 2017 年，是首批省级实验室之一，2019 年获批为省级登记事业单位	瞄准干细胞与再生医学理论与技术的前沿研究，布局再生医学前沿基础研究、临床创新研究、生物信息等五大科研方向
深圳湾实验室	深圳湾实验室以北京大学深圳研究生院和深圳健康科学研究院为主要依托单位，协同深圳大学、南方科技大学、香港中文大学（深圳）、清华大学深圳国际研究生院、哈尔滨工业大学（深圳）、深圳先进技术研究院等单位合作共建	以肿瘤、代谢与心血管、神经退行性疾病等重大疾病的预防和干预为重点，开展生命信息、创新药物、医学工程等方向的研究。目前，实验室启动了高端科研平台建设，初步组建了系统生物学研究所、百瑞创新中心、坪山生物医药研发转化中心等多个直属研究机构

资料来源：根据公开资料整理。

（二）"IT+BT"是大湾区的重要优势

生物医药行业的特点之一是具有高度政策和技术导向，协同创新存在一定的技术壁垒，生物医药产业的创新发展需要数据和先进的信息技术手段作为支撑。大湾区有强大的信息技术基础，可助力生物医药产业快速发展。信息技术（IT）和生物技术（BT）的深度融合，将为大湾区加快构建现代产业体系注入巨大能量。大湾区"IT+BT"基础良好，大数据、人工智能、基因技术发展快。信息技术产业和生物医药产业也是大湾区战略性新兴产业的重点领域。大湾区在信息技术产业领域有一批世界级的领军企业，产业链配套完善，同时，大湾区生物医药企业类型多样，医疗器械产业发展领先，并拥有鹏城实验室、深圳湾实验室、合成生物研究机构等重大科技基础设施，未来在推进"IT+BT"有机融合方面具有较大的发展空间。

专栏 1-1　晶泰科技以"AI+实验机械人"驱动首创新药研发

2023 年 5 月，位于深圳河套以"AI+实验机械人"驱动药物研发的晶泰科技宣布与美国知名药企 Eli Lilly（礼来）签署一项 AI 小分子新药发现合作。合作将充分发挥晶泰科技 AI 药物研发平台"干实验室”与自动化机械人“湿实验室”结合的技术优势，为礼来从头设计并交付具有竞争力的候选化合物，赋能礼来开发并向临床推进具有竞争力的新药管线。

作为“AI+实验机械人”的先行者，晶泰科技将延续其“智能算法+机械人实验+专家经验”“三位一体”的药物研发模式，基于其丰富的成功经验与礼来团队密切合作，完成一站式新药从头发现，交付药物候选后由礼来进行临床前开发、临床开发和后续的商业化。晶泰科技的“AI+冷冻电镜”平台、体外体内筛选评价平台等技术，也将在这次合作中发挥作用，加速晶泰设计并交付具有创新骨架的活性分子。晶泰科技打通了智能算法与机械人实验的数据死循环，在挑战全新靶点上具备独到的技术优势与丰富的成功经验。

资料来源：根据公开资料整理。

目前，“人工智能+生物医药”能够实现在生物医药产业自上游到下游的投入使用，并且部分应用场景已经能够为企业带来实际收益。以新药开发为例，在研究调研阶段，“人工智能+生物医药”可以通过对来自文献等的信息进行自动化的文本分析，抽取和药物研发相关的关键信息，以辅助研发人员在研究和产业化中的决策。在药物开发阶段，通过对生物医药试验和临床大数据的智能分析来缩短发掘新治疗靶点、新药用分子的周期，降低药物研发成本。在临床验证阶段，通过人工智能对临床试验数据的智能化分析，以更好地了解新药对不同患者的治疗效果。随着互联网与云端运算技术的广泛普及与不断精进，人工智能与大数据的应用将有助于提升医药创新研发。

（三）生物医药产业园区集聚发展

产业园区是大湾区生物医药协同创新的重要载体，有助于集聚创新资源。生物医药行业具有高风险、高投入、高技术、长周期的特点，生物医药产业园作为主要平台促进了生物医药产业的高速发展。总体而言，我国生物医药实力较强的园区主要分布在东部地区，2022 年，工信部赛迪顾问发布的《2022 生物医药产业园区百强榜》显示，广东有 7 家生物医药产业园区进入百强榜单，主要集中在广州、深圳、中山、东莞、珠海等城市（见表2-4）。

表2-4 2022年生物医药产业园区百强榜（广东）

排名	园区
7	深圳市高新技术产业园区
11	广州高新技术产业开发区
16	广州经济技术开发区
47	中山火炬高技术产业开发区
54	珠海高新技术产业开发区
70	东莞松山湖高新技术产业开发区
80	广州南沙经济技术开发区

资料来源：课题组整理所得。

近年来，大湾区的深圳、广州和珠海等地生物医药产业发展迅速，产业发展集聚效应凸显，初步形成了以广州和深圳为核心，珠海、佛山与中山等协同发展的城市群，汇聚了大湾区的高质量创新资源，形成了一定的产业规模。生物医药的重要产业园区包括广州国际生物岛、深圳国家生物产业基地、中山国家健康科技产业基地等（见表2-5）。

表2-5 大湾区主要生物医药产业园区发展情况

园区	发展概况
广州国际生物岛	是广州生物医药产业的重要引擎，2021年，生物医药产业产值达80亿元
中新广州知识城国际生物医药价值创新园	引进了康方生物、百济神州、诺诚健华、GE-龙沙等多个顶尖药企项目。百济神州在知识城的生物药生产基地，未来总产能有望达到20万升，多种自主研发的新药已生产上市
深圳国家生物产业基地	吸引了以生物制药、高端医疗器械、生物技术为主体的企业入驻，如赛诺菲巴斯德、微芯生物、国药致君等
珠海金湾生物医药产业园	2022年，已有生物医药健康企业120多家，生物医药规模以上企业25家，如联邦制药、丽珠医药、汤臣倍健、润都制药等知名龙头企业
中山国家健康科技产业基地	2021年，园区落户企业已超600家，形成以医疗器械、生物医药、特殊食品、化妆品、健康服务业等产业集群，是全国首批创新型产业集群试点园区、国家现代服务业数字医疗产业化基地、中国技术市场科技成果产业化（中山）示范基地

资料来源：根据公开资料整理。

（四）大湾区生物医药协同创新稳步推进

一是不断加强高校与科研机构协同创新合作。近年来，港澳与内地的高校、科研机构积极开展合作。深港两地合作深入开展生物医学、生物医用材料、中药学、脑科学、结构生物学等领域的研究。深圳医院与香港大学合作开展粤港创新科研项目。广州大学与香港大学的医学院开展临床教学合作，共同推动粤港澳大湾区的生物医药协同创新。中山、深圳与澳门科技大学，香港大学与广东药科大学等联合，共同搭建实验室研发合作平台。

二是政府之间协同创新不断推进。内地与港澳之间的协同创新主要为医疗机构的合作。通过支持港澳医疗卫生服务提供主体在大湾区按规定以独资、合资或合作等方式设置医疗机构，放宽了港澳独资在广东开办医疗机构的条件。例如，深圳已有香港大学深圳医院、深圳希玛林顺潮眼科医院等多家香港独资医疗机构。2020 年 9 月，大湾区实施“港澳药械通”政策，在内地 9 市开设了指定医疗机构使用临床急需、港澳公立医院已采购使用、具有临床应用先进性的医疗器械等。

三是生物医药科技园区、平台等协同创新进展加快。现阶段，广州国际生物岛、广州科学城生物产业基地、中新（广州）知识城生命健康产业基地、深圳坪山国家生物产业基地、深圳坝光国际生物谷、珠海金湾生物医药产业园、横琴粤澳合作中医药科技产业园等是生物医药协同创新的重要载体，园区集聚高端创新资源，推动创新网络各主体紧密合作的步伐不断加快。此外，随着深中通道、黄茅海通道等加快区域交通互联互通，将有利于促进珠江口两岸生物医药协同创新发展，中山国家健康科技产业基地、佛山高新区医药健康产业园、东莞松山湖生物基地等园区在协同创新方面也发挥了重要作用。

三、粤港澳大湾区生物医药协同创新的重大意义

生物医药协同创新是我国创新驱动发展战略的重要体现，是大湾区建设开放性区域协同创新共同体的关键举措，也是粤港澳产学研深度融合发

展的关键切口，对于粤港澳大湾区建设国际科技创新中心、推动我国实现科技自立自强具有重大的现实意义。

（一）生物医药协同创新是粤港澳大湾区加快实现高水平科技自立自强的重要抓手

区域科技协同创新发展对于完善国家创新体系、实现高水平科技自立自强具有重大的战略意义。生物医药是国家“十四五”时期重点支持发展的产业，是粤港澳大湾区的优势产业，也是最能体现港澳与内地优势互补、合作共赢的战略性新兴产业。粤港澳大湾区是我国开放程度最高的区域之一，也是全面准确推进“一国两制”实践的重要平台。推动粤港澳大湾区生物医药协同创新，有利于进一步促进内地与港澳的制度对接、规则衔接，推动香港、澳门科技创新与内地深度合作。

我国生物医药创新发展与国外发达国家仍存在较大差距。2021 年，共有 15 个国家 1 类新药获批上市，我国已经逐步进入全球第二梯队①，其中药物研制从仿制追随到自主创新，化学原料及制剂、中药、原料药等领域具有突出优势，但是我国生物医药的原始创新能力仍然欠缺，临床研究资源不足，创新研究转化机制有待完善，研发领域过于聚焦导致资源投入重复。加快大湾区生物医药协同创新，是推动我国缩小与国际差距的重要路径与举措。

（二）生物医药协同创新是粤港澳大湾区开放型区域协同创新共同体的重要组成部分

构建“开放型区域协同创新共同体”是大湾区建设的重要任务之一，推动生物医药协同创新，正是开放型区域协同创新共同体建设的具体体现，实际上也是跨区域的深度合作与共同发展，需要各个城市之间全面协同、有机融合发展。港澳在生物医药领域的基础研究能力方面优势明显，广州、深圳等城市的生物医药市场发展良好，大型企业、专业园区集聚，

① 张敏．我国生物医药仍存原始创新短板［N/OL］．证券日报，［2021-03-11］．http：//finance.china.com.cn/news/special/lianghui2021/20210311/5516441.shtml.

通过充分发挥港澳的制度优势，推动港澳与内地的生物医药创新链无缝衔接，对于加快国际科技创新中心建设等将发挥重要作用。

大湾区在生物医药领域对外开放、推动与港澳规则衔接、机制对接中具有独特优势。港澳在紧密联系国际、汇聚全球创新资源等方面发挥着重要作用，在生物医药部分细分领域处于全球领先地位，是建设开放性区域协同创新共同体的最佳区域之一。世界知识产权组织（WIPO）发布的《2021 全球创新指数报告》显示，深港澳创新集群已经在 2021 年、2022 年连续两年位居全球第二，表明区域协同创新效果突出，区域内初步集聚了全国领先的生物医药创新资源，是建设开放性区域协同创新共同体的良好基础与有利条件（见表 2-6）。

表 2-6　2021 年全球创新集群前五名

排名	集群名称	在 PCT 申请总量中的份额（%）	在出版物总量中的份额（%）	合计
1	东京—横滨	10.78	1.61	12.4
2	深圳—香港—广州	7.79	1.51	9.3
3	北京	2.62	2.95	5.57
4	首尔	3.93	1.61	5.54
5	圣何塞—旧金山	3.69	1.03	4.72

资料来源：根据世界知识产权组织（WIPO）发布的《2021 全球创新指数报告》整理。

（三）生物医药协同创新是粤港澳大湾区产学研用深度融合的重要路径

加强粤港澳大湾区生物医药协同创新，是加强以企业为主体、以市场为导向的创新体系的融合，是促进产学研用协同发展的必然路径。大湾区要建设国际科技创新中心和综合性国家科学中心，港澳与内地在产学研用发展方面存在明显的互补优势，这是大湾区产学研用深度融合的重要前提条件。生物医药协同创新实际上是推动产业链中的高校、科研院所、企业、投融资机构等资源协同对接，推动粤港澳产学研用深度融合。

区域协同创新是生物医药产学研用深度融合发展的必经阶段。近年来，全球生物医药发展迅猛，基因工程、细胞工程、酶工程等现代生物技术迅猛发展，生物医药研发在基因操作、生物治疗、基因治疗、蛋白质工程和生物信息等领域取得突破。全球生物医药产业的区域协同创新、紧密合作日趋明显。区域协同创新要求生物医药领域的科研人才、资金、项目、大数据等产学研用的核心要素密切合作，特别要充分发挥港澳的独特优势及大湾区内地的市场优势，为大湾区生物医药一体化发展瞄准突破口及提供助推器。

（四）生物医药协同创新是建设世界一流湾区的重要支撑

建设世界一流湾区和城市群，是大湾区的目标与使命担当。推动大湾区高质量发展，使其在推动中国式现代化的进程中走在前列，是粤港澳大湾区必须提交的答卷。生物医药是大湾区重要的战略性新兴产业，推动生物医药协同创新，是加快大湾区构建现代产业体系、实现产业高质量发展的题中之义。现阶段，大湾区生物医药发展总体上落后于长三角地区，在体量、能级上仍有一定的差距，与国际发达地区相比，还有更长的路要走。生物医药是战略性新兴产业的主攻方向，是构建高质量产业体系、构建世界一流湾区的重要支撑点。

现阶段，生物医药行业同样迎来重要的发展机遇，在政府、市场的积极推动下，国内外的生物医药资源更加向湾区聚集，大湾区对外改革开放的创新力度也在逐步加大，加之 2023 年 5 月，世界卫生组织（WHO）宣告新冠疫情紧急状态结束，大湾区生物医药的创新要素资源流动将更加高效。同时，生物医药得到世界各国的高度重视，这对于大湾区而言，在吸引创新资源、推动国际合作、引领生物医药创新发展方面，是难得的历史发展机遇，需要加快步伐、加快创新破局与突围。

第三章

粤港澳大湾区生物医药协同创新的基础与优势

粤港澳大湾区生物医药协同创新具有良好的产业基础，尤其是香港、澳门、广州、深圳四大中心城市创新优势明显，突出表现在现代中药、基因诊断试剂、生物制药、医疗器械等领域，湾区在基因检测、化学药、生物药及中药的研发等领域的产业链较为完整，配套能力较强，成为区域协同创新的坚实基础。

一、粤港澳大湾区生物医药创新发展的基础实力

粤港澳大湾区生物医药产业集聚优势明显，产业链较为完整，具备独特的优势。粤港澳大湾区生物医药协同创新已经取得了一定的成效，拥有中山大学、中国科学院等相关的高等院校和科研院所，拥有广州医药、华润三九医药、华大基因等重要的生物医药公司以及知名的跨国生物医药企业，大湾区生物医药协同创新具有较好的基础与优势。

（一）粤港澳大湾区生物医药创新的总体优势

一是大湾区生物医药产业规模不断扩大。近年来，大湾区生物医药创新能力逐渐增强，总体发展水平处于全国前列。2021 年广东省生物医药与健康产业实现增加值 1315 亿元，原始创新、平台建设、体制机制改革等措施不断完善，并提出要打造万亿级产业集群，全力打造生物产业创新高地。大湾区的深圳、广州等城市的生物医药产业快速发展，发挥了显著的引领带动作用。目前，粤港澳大湾区初步形成了以广州和深圳为核心，珠海、佛山与中山等协同发展的大湾区生物医药产业城市群，汇聚了大湾区的创新资源，引进及培育了多家知名的上市企业，形成了较为完备的产业链。生物医药的重要集聚区包括广州科学城生物产业基地、深圳国家生物

产业基地、中山火炬高技术产业开发区、香港科学园、粤澳合作中医药科技产业园等，详见表3-1。

表3-1　粤港澳大湾区内地城市的上市生物医药企业发展情况

城市	上市生物医药企业数量（家）	药物临床试验数量（个）	CDE受理1、2类新药数量（个）	城市	上市生物医药企业数量（家）	药物临床试验数量（个）	CDE受理1、2类新药数量（个）
广州市	46	361	365	东莞市	7	117	8
深圳市	58	263	209	惠州市	2	13	6
珠海市	17	93	113	江门市	5	17	16
佛山市	7	23	18	肇庆市	0	5	6
中山市	7	88	55				

资料来源：根据公开资料整理。

二是从药品销售情况看，近年来广东省的药品销售总额快速增长。2020年，广东省药品销售总额达到2559.7亿元，排名全国第一（见图3-1），其后是北京市、上海市、江苏省、浙江省。其中，中成药销售总额379.2亿元，中药材销售总额60.7亿元，医疗器械销售总额达到331.9亿元（见表3-2）。

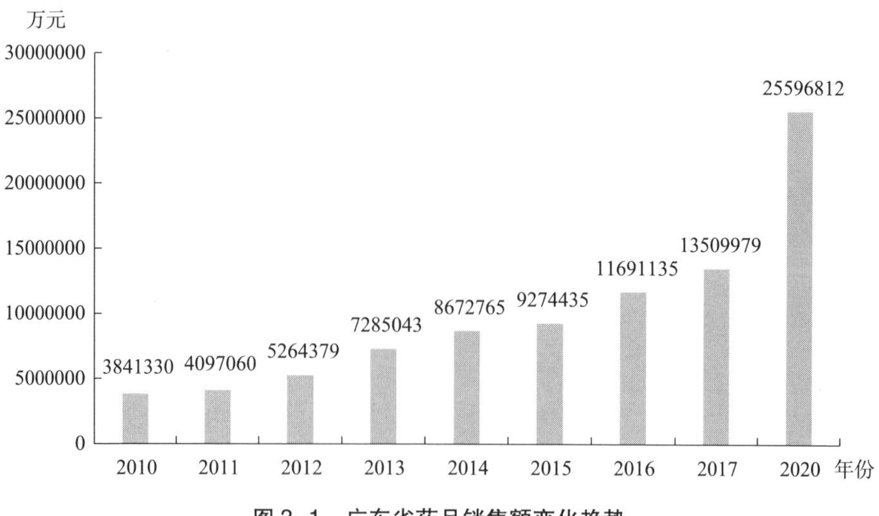

图3-1　广东省药品销售额变化趋势

资料来源：万德数据库。

表 3-2　广东省药品销售情况

年份	销售总额（万元）	中成药销售总额（万元）	中药材销售总额（万元）	医疗器械类销售总额（万元）
2010	5010799	871861	130352	91614
2011	6000000	1204529	290692	266366
2012	8505600	2135784	531282	244653
2013	10376783	2033947	461710	313726
2014	11927336	1987778	627696	350951
2015	13358617	2149667	585170	761472
2016	16030340	2580320	697694	564496
2017	18702598	3343359	568891	803137
2020	25596812	3792380	606764	3318868

资料来源：商务部，《2010—2020 年药品流通行业运行统计分析报告》，2018 年、2019 年没有公布。

三是根据 2021 年《财富》世界 500 强榜单，广药集团排第 468 位，是我国第一家以中医药为主业进入世界 500 强的企业①。从医疗器械企业看，广东省企业规模全国领先。天眼查数据显示，目前全国共有超 200 万家医疗器械企业，广东省企业数量为 23. 29 万家，远超其他省份。2021 年，广东省医疗器械产业产值达到 2776. 2 亿元，占全国总产值的 20. 29%。根据企业工商数据，截至 2022 年 2 月，广东省的生物医药产业主要集聚在深圳、广州和东莞 3 市。其中，60. 1%的生物医药企业集聚在广州。广州、深圳等是生物医药与健康产业基础较强的城市。

（二）生物医药产业的支持政策力度持续加大

2021 年 8 月 9 日，广东省人民政府印发了《广东省制造业高质量发展“十四五”规划》，生物医药与健康产业成为广东省战略性支柱产业（见表

① 广药集团财报显示，2020 年总营收超过 1500 亿元。广药集团将努力打造世界一流的生物医药与健康企业，为全球人类健康提供广药方案。

3-3)。根据规划，到 2025 年，生物医药与健康产业力争实现营业收入 1 万亿元，建成具有国际影响力的产业高地。

表 3-3 广东省关于生物医药与健康产业的部分支持政策

	相关表述
目标	将生物医药与健康产业作为广东省经济高质量发展的重要引擎，力争实现产业营业收入达到 1 万亿元
细分领域	生物药、化学药、现代中药、高端医疗器械、医疗服务等
产业集群	发展生物医药与健康产业集群，支持发展岭南中药、化学药、生物药、高端医疗器械、生物医用材料、体外诊断、医疗服务、公共卫生等产业
精密仪器设备	作为十大战略性新兴产业集群之一，提出要在大型精密科学测试分析仪器等领域取得传感、测量、控制、数据采集等核心技术突破与产业化应用

资料来源：根据公开资料整理。

大湾区内地 9 市层面，各市在“十四五”规划中也积极推进生物医药产业发展。其中，深圳、广州、佛山、东莞等地区“先进制造重镇”均大力部署发展生物医药与健康产业，在目标上提出了更高的要求，如广州提出重点打造生物医药与健康等万亿级产业集群。在细分领域，各个城市既有共性，又存在差异性，如深圳重点发展化学药、基因药物、海洋生物医药、高端医疗设备等，广州重点发展生物药、现代中药、高端医疗器械等，佛山提出培育壮大面向国防应用的生物医药等军事后勤保障产业。在重点平台方面，深圳以坪山区为主，广州以国际生物岛、广州科学城、中新广州知识城国际生物医药价值创新园等为主。

从发展定位看，根据广东省科学技术厅等部门发布的《关于促进生物医药创新发展的若干政策措施的通知》，广东省将重点以广州、深圳市为核心，构建布局合理、协同联动的广深港、广珠澳生物医药创新集聚区。各主要城市在生物医药产业中的主要发展定位如表 3-4 所示。

表 3-4 粤港澳大湾区内地城市生物医药产业的主要发展定位

城市	发展定位
广州市	打造粤港澳大湾区生命科学合作区和生物医药研发中心
深圳市	重点培育世界标杆的生物医药企业和研究机构，打造全球生物医药创新发展策源地

续表

城市	发展定位
珠海、佛山、中山市	建设生物医药资源新型配置中心、生物医药科技国际合作创新区、生物医药科技成果转化基地
惠州、东莞市	打造国内重要的核医学研发中心、生物医药研发制造基地
江门、肇庆市	建设再生医学大动物试验基地、南药健康产业基地
粤东、粤西、粤北地区	建设岭南特色中药材原料产业基地、化学原料生产基地、道地药材等
香港	依托香港科学园等，推动高价值生物医药研究转化
澳门	特色中药等

资料来源：根据公开资料整理。

从各市的发展目标看，广州提出了要打造生物医药与健康等万亿级产业集群，深圳、佛山、东莞等其他城市大多也提出了千亿级的发展目标，江门、肇庆等城市产业基础相对较小，发展目标根据发展阶段不同，暂未达到千亿级，具体如表 3–5 所示。

表 3–5 “十四五”时期大湾区主要城市生物医药发展目标规划情况

城市	主要内容
广州	将生物医药与健康产业打造成为新兴支柱产业，发展壮大生物医药、现代中药、化学创新药、高端医疗器械、高端康养产业，打造生物医药与健康等万亿级产业集群
深圳	发展壮大生物医药等战略性新兴产业，重点发展生物医药等先进制造业集群
佛山	在生物医药与大健康等领域谋划建设一批创新平台；加快生物医药与健康等特色产业发展，强化生物医药及大健康等产业集群集聚效应，力争到 2025 年产值规模均接近 3000 亿元，广佛共建生物医药与健康等万亿级先进制造业集群
东莞	加快生物医药及高端医疗器械等五大新兴产业集群发展，聚焦生物医药等重点领域，高水平建设产业创新中心、制造业创新中心、技术创新中心、企业重点实验室等
珠海	生物医药等若干千亿级规模产业集群基本形成，加快建设海洋生物医药产业集聚示范区
中山	规划建设生物医药国家实验室中山基地，将中山研究院建设成为生物医药国家实验室重要基地。力争到 2024 年，健康医药产业产值超 1000 亿元
惠州	大力发展海洋生物等相关行业，实现产业集聚优化

续表

城市	主要内容
江门	力争到2023年，江门市生物产业产值规模达43亿元。力争到2025年，生物产业产值规模达60亿元，初步形成产业基础高级化、产业链条生态化、产业体系现代化的生物产业发展新格局。 提出要打造粤港澳大湾区康养产业示范区
肇庆	形成生物医药等产值超300亿元的制造业集群

资料来源：根据公开资料整理。

在细分领域，大湾区各城市也结合自身优势明确了重点发展的方面，以广州为例，重点发展生物医药、现代中药、化学创新药、高端医疗器械、干细胞与再生医学、高端康养等领域，深圳市则重点发展新型体外诊断产品、新靶点化学药、抗体药物、基因药物等关键技术，如表3-6所示。

表3-6 “十四五”时期大湾区主要城市生物医药发展细分领域规划情况

城市	主要内容
深圳	加快建设生物医药强市，重点突破新型体外诊断产品、新靶点化学药、抗体药物、基因药物等关键技术。 加快发展新型抗体等生物药和干细胞等生物治疗产品；大力发展海洋生物医药等海洋新兴产业；发展医学影像设备、体外诊断设备等高端医疗器械设备；加快发展高性能医疗器械，推进国家高性能医疗器械创新中心建设
广州	重点发展生物医药、现代中药、化学创新药、高端医疗器械、干细胞与再生医学、精准医疗、基因检测、高端医疗、高端康养等领域
佛山	加快发展基因工程药物，高端生物仿制药和生物保健制品，大力发展岭南中药、中药新药、现代新型中药的研发与产业化。 推动智能医疗、远程诊疗、高端医疗器械和装备研发产业化。 加快发展健康产业，医养结合，建立集预防、评估、跟踪、干预、指导与随访于一体的健康管理模式，发展设备、医疗、数据、金融、康养等多业跨界融合的新兴业态。 培育壮大面向国防应用的生物医药等军事后勤保障产业
东莞	推动生物医药产业加快集聚，重点发展生物医药和高端医疗器械产业，积极发展生物保健、生物制造、生物农业，布局海洋生物医药，利用散裂中子源大科学装置优势，加强新药、新疗法的科技创新研究，加快科研成果产业化进程，打造具有东莞特色的生物产业生态系统
珠海	研制心脑血管系统药、消化系统及代谢药、恶性肿瘤治疗药等化学药和原料药，创新发展抗体类药物、重组蛋白质药物、疫苗等生物药，协同发展用于抗病毒、糖尿病、心脑血管疾病、抗肿瘤的现代中药

续表

城市	主要内容
中山	重点支持新药研发、高端医疗器械、基因治疗、智能医疗健康等领域发展
惠州	在人工智能、核技术应用、生物医药等未来关键领域抢占先机、开展研发布局。重点发展现代中药、医疗器械、化学制药、生物医药、健康保健等产业，促进健康与旅游、养老、互联网、体育深度融合，建设区域中医医疗中心，打造“医、药、养、游”各业态耦合共生的健康产业集群
江门	鼓励江门市企业联合中山大学、广东药科大学、广东省科学院等高校和科研单位，在生物制药设备结构参数、工艺参数、控制方式等方面开展技术攻关，持续突破核心技术，推动制药工艺关键设备模块化平台的系统研制，加快进口设备国产化替代进程，打造高端生物医药设备。 支持新会区等地推进建设康养服务示范区。加快维达、新希望等重点康养项目建设。为康养产业提供重大疾病、老年慢性疾病的早期筛查、干细胞修复等医疗服务
肇庆	端州区：重点发展生物医药（中医药）产业等，做优做强先进装备制造特色产业。 鼎湖区：重点发展生物医药（医疗器械）等产业，做优做强食品饮料产业。 四会市：重点发展生物医药和节能环保等特色产业。 德庆县、怀集县：重点发展生物医药（南药）产业等，在德庆县、怀集县等西北板块形成以南药产业为特色的产业集聚带，加快构建生物医药产业链。 肇庆高新区：重点发展生物医药（兽医兽药）等

资料来源：根据公开资料整理。

在对各市的生物医药发展重点平台的扶持方面，主要通过打造高质量的产业园区、发展基地、配套项目等支持生物医药的发展，加快形成集聚效应，如表 3-7 所示。

表 3-7 “十四五”时期大湾区主要城市生物医药发展重点平台规划情况

城市	主要内容
深圳	坪山区将打造生物医药科技产业城，推进生物医药等国家实验室基地建设
广州	包括广州国际生物岛、广州科学城、中新广州知识城国际生物医药价值创新园、白云美丽健康产业园、大坦沙国际健康生态岛等。 黄浦区建设生物医药与健康全产业链；南沙区重点发展生物医药等战略性新兴产业；从化区大力发展生物医药战略性新兴产业
佛山	加快建设国药集团中国中药总部基地、暨南大学生物医药产业园等项目
东莞	松山湖生物医药产业基地：重点发展生物医药、创新药物、高端医疗器械、智慧医疗等产业
珠海	珠海南医大生物医药公共服务平台、珠海诺贝尔国际生物医药研究院、唐家湾主园区、珠海国际健康港、金湾生物医药基地等

续表

城市	主要内容
中山	翠亨新区（产业园）：重点发展生物医药等产业；中山南部新城：加快培育发展生物医药与健康等产业，聚力打造城市副中心和粤港澳大湾区（珠西）高端产业合作平台
惠州	建设罗浮山国药二期、惠州九惠生物医药产业园、罗浮山国药中医药产业项目，打造健康产业集群。龙门大健康产业园以中医药、生物医药、医疗器械为主导产业
江门	在生物制药设备结构参数、工艺参数、控制方式等方面开展技术攻关，持续突破核心技术，推动制药工艺关键设备模块化平台的系统研制，加快进口设备国产化替代进程，打造高端生物医药设备
肇庆	端州区：双龙开发区高端装备和生物医药产业配套建设项目。 肇庆高新区：粤港澳大湾区大旺（国际）智能制造暨国际生物医药产业园

资料来源：根据公开资料整理。

从大湾区生物医药协同发展的支撑政策看，进口药品医疗器械的便利政策正在积极实施推广。2020 年 11 月，市场监督管理总局等八部门联合发布《粤港澳大湾区药品医疗器械监管创新发展工作方案》，在粤港澳大湾区内地 9 市开业的指定医疗机构使用临床急需、已在港澳上市的药品，以及使用临床急需、港澳公立医院已采购使用、具有临床应用先进性的医疗器械，由广东省实施审批。“港澳药械通”率先在香港大学深圳医院试点，并逐步扩展至粤港澳大湾区其他符合要求的城市和指定医疗机构，首批 5 家内地指定医疗机构位于广州、深圳、珠海、中山，第二批粤港澳大湾区内地临床急需进口港澳药品医疗器械目录包括 6 款药物以及 1 款医疗器械。

二、香港、澳门生物医药发展的优势

香港和澳门在生物医药基础研究、科研能力、国际人才储备等方面具有显著优势，尤其是香港地区国家重点实验室众多、临床医学研究条件优越、融资环境良好、优质生物医药企业初步集聚，将港澳生物医药的科研能力、国际化管理水平与大湾区内地的产业化基础相结合，有利于加快在大湾区框架下实现高质量的生物医药协同创新发展。

（一）香港生物医药发展的独特优势

香港具有较强的生物医药基础研究能力，香港大学的医学、药学及药理学、生物科学，香港中文大学的医学、药学及药理学、生物科学，香港科技大学的生物科学等领先全球，是香港开展生物医药领域基础研究的创新策源地。生物医药是香港近年来的重点发展产业，特区政府将生物科技、人工智能、智慧城市及金融科技列为具有优势的四大发展范畴，作为科创主阵地的香港科学园也将生物医药科技作为重点发展的五大科技领域之一。香港生物医药的独特优势主要有以下四个方面。

一是香港地区的国家重点实验室众多。香港大学、香港中文大学、香港科技大学等先后获科技部批准与内地合作成立16家国家重点实验室，部分国家重点实验室如表3-8所示。香港生物医药领域的国家重点实验室通过参与国家科技计划等，在促进合作交流、集聚人才等方面发挥了重要作用，推进了香港生物医药研究能力和学术水平的提升。

表3-8　香港生物医药相关的国家重点实验室

申请单位	国家重点实验室	科技部批准年份
香港大学	新发传染性疾病国家重点实验室	2005
	脑与认知科学国家重点实验室	2005
	肝病研究国家重点实验室	2010
	生物医药技术国家重点实验室	2013
香港中文大学	华南肿瘤学国家重点实验室	2006
	农业生物技术国家重点实验室	2008
	消化疾病研究国家重点实验室	2013
	植物化学与西部植物资源持续利用国家重点实验室	2009
香港科技大学	分子神经科学国家重点实验室	2009
香港理工大学	手性科学国家重点实验室 （后获正名为化学生物学及药物研发国家重点实验室）	2010
香港浸会大学	环境与生物分析国家重点实验室	2013

资料来源：根据公开资料整理。

这些实验室大力开展科研工作，积极参与国家科技计划，实验室杰出人才、团队取得了较突出的成就，如表3-9所示。此外，据估算，目前香港各大学每年发表约250篇具有国际影响力的生物医学论文。

表 3-9 香港部分国家重点实验室杰出人才及成就

实验室名称	依托单位	实验室杰出人才、团队及主要成就
新发传染性疾病国家重点实验室	香港大学	主任管轶教授，是最先提出果子狸是 SARS 冠状病毒主要载体的科学家之一，当今禽流感病毒国际权威之一。主任袁国勇教授，发表的 982 篇学术论文被引用超过 42000 次
肝病研究国家重点实验室	香港大学	主任吴吕爱莲教授是国际知名的肝癌专家，致力于破解肝癌在分子及细胞层面的发病机制。曾获裘槎基金会颁授 2005—2006 年度“优秀医学科研者奖”
华南肿瘤学国家重点实验室	香港中文大学	主任孔祥复教授，1999 年当选为中国科学院院士。长期从事功能基因组学、应用组学研究和人类基因治疗
分子神经科学国家重点实验室	香港科技大学	主任叶玉如教授，致力于研究分子神经科学，曾获法国国家荣誉骑士勋章，并获得由亚太经济合作组织妇女与经济峰会颁发的“创新女科学家”奖

资料来源：根据公开资料整理。

香港中文大学、香港城市大学在生物医药领域也取得了重要的科研成就，如表 3-10 所示。以香港中文大学为例，在医学研究方面每年可取得 200 项专利，超过牛津等世界老牌名校。香港中文大学卢煜明教授凭着“无创产前检查”研究及转化，获得有美国最高生物医学科学奖之称的拉斯克奖。香港在医疗诊断、试剂和疫病方面也有一定的科研能力，在 2019 年新冠疫情期间，香港大学团队研发出全球首款喷鼻式疫苗。

表 3-10 香港本地大学生物医药领域的主要研究成就

学校	主要研究成就
香港中文大学	香港中文大学医学院首先研发利用血液中的循环游离核酸进行分子检测，可以用于非侵入式的产前检查，现时全球已有超过 100 万名孕妇使用，另一用途是用于俗称液态切片的非侵入式癌症测试
	香港中文大学农业生物技术国家重点实验室，结合先进科技及传统种植员智慧，以解决重大农业问题。利用生物科技可以提升农作物的营养，如含高赖氨酸的大米。基因研究则能用于改善种质，如复制野生大豆的耐盐基因，令大豆能在高盐分的水分下生长
香港城市大学	香港城市大学的学生设计了一个得奖的商业计划书，可以把该大学教授研发的新毒性测试技术商品化。2010 年学生毕业后，该群学生成立了水中银（国际）生物科技有限公司。水中银得到企业孵化器的资助及风险投资的帮助。2015 年 4 月，该公司的生物测毒技术发明夺得第 43 届日内瓦国际发明展的最高荣誉大奖，该技术为世界上第一个转基因鲭鳉鱼和斑马鱼胚胎毒理检测技术，进一步提升了全球产品测试的标准，保障顾客健康

续表

学校	主要研究成就
香港浸会大学	香港浸会大学中医学院成立了一个质量控制的技术团队，利用高效胶体渗透层析仪分辨药材指示质量的标记，如中国名贵药材铁皮石斛
	一个由生物系和化学系组成的研究团队研发了一项神经干细胞技术，成功从成年动物中抽取神经干细胞，并把干细胞移植到同一动物的脑部，修复神经损伤。这项技术已经由一家初创公司取得，该公司更因该技术夺得多个科技奖项，例如 Red Herring Top 100 Asia 和 Red Herring 100 Global Awards，表扬该技术对科学和人类的贡献
香港大学	香港大学于 10 多年前将戊型肝炎疫苗的研究结果独家转让给国内制药公司养生堂。后该研究成果被发展为疫苗 Hecolin，并取得国家市场监督管理总局认可
	香港大学医学院一团队成功制造出口服三氧化二砷，即俗称的砒霜，用于治疗急性粒子性白血病及其他癌症

资料来源：香港中文大学、香港大学、香港科技大学、香港理工大学、香港城市大学、香港浸会大学及《自然》杂志。

此外，2022 年，InnoHK 创新香港研发平台启动，其中，Health@InnoHK 创新平台聚焦于与医疗相关的各种科技，包括药物开发、个人化医疗、分子诊断、生物工程、化学生物学、生物信息、疫苗研发及医疗仪器等。目前，香港知名高校与国际知名高校联合建立研发中心或实验室，合作机构包括斯坦福大学、伦敦大学学院、伦敦帝国学院、牛津大学、剑桥大学等，共同推动生物医药创新协同发展。

二是香港临床医学研究条件优越。2021 年，根据《泰晤士高等教育》公布的“临床医学与健康”“生命科学”两项专业领域的全球大学排名中，香港大学在“临床医学与健康”范畴中首次进入全球前 20 位。香港大学临床试验中心也是国际临床试验中心联盟创始成员之一，与哈佛大学及剑桥大学的临床试验中心同列。香港在临床医学研究方面具有独特优势，如临床测试数据可获国际机构［如美国食品药品监督管理局（FDA）、欧洲药品管理局（EMA）和中国国家药品监督管理局（NMPA）等］认可作药物注册，吸引了跨国医药企业选择与香港知名大学的医学院开展密切、深度的合作，如阿斯利康和辉瑞均在香港进行了临床试验。并且，香港眼科医院、香港大学及香港中文大学可为新药进行临床试验，从而获得美国新药注册审批。这些机构也是首批获得 NMPA 批准的内地以外的机构。

香港临床资源丰富，香港拥有国际一流医疗设施和高水平临床研究服务，香港采用的药物、设备、诊断工具及其他先进临床医学技术都与时俱进，还得到如 FDA 和 EMA 等海外监管机构批准。随着大湾区各地计划进一步推动跨境生物医药合作，香港将成为一个提供测试数据的理想平台，可以协助内地医学界采用外国的临床诊断技术。以香港大学为例，其临床试验中心优势如表 3-11所示。

表 3-11　香港大学临床试验中心优势

项目	优势
质量保证	采纳全面质量管理（TQM）的概念，融入香港大学临床试验中心的企业策略中，并获高级管理层充分授权，需要每名员工参与，试验中心建立及贯彻一个由四部分组成的质量保证系统，其中包括质量规划及确立标准、执行质量标准、质量评估及质量改善
获国家药品监督管理局（NMPA）认证	自 2006 年起，香港大学/玛丽医院已获 NMPA 认证 6 个临床专业进行药物临床试验，现时香港大学/玛丽医院共获 NMPA 认证 13 个范畴，包括心血管、内分泌及代谢学、肠胃及肝脏内科等
获美国病理学家学会（CAP）实验室认证	自 2002 年起，玛丽医院的临床实验室已获 CAP 计划下的全面认证，认证涵盖全部 6 个病理学范畴，包括解剖病理学、临床生物化学、临床免疫学、血液学、微生物学、移植及免疫遗传学。CAP 的认证标志着玛丽医院的实验室团队、设施及运作的质量皆获得国际认可，可为香港大学/玛丽医院的临床研究提供强大的病理学及分析支援
香港大学一期临床试验中心	香港大学一期临床试验中心位于玛丽医院 K 座二楼，是专门为进行一期、早期及临床药理学试验而设的现代临床研究设施。拥有最先进的设备、最顶尖的临床/科学专家，再加上专业的管理团队，香港大学一期临床试验中心具备在患者或健康志愿者身上进行各种新型化学/生物的一期和早期药物试验，以及生物可用度/生物等效性试验的能力。为研究者、申办者（Sponsors）、合同研究组织（CROs）及研究机构提供一站式方案，并通过提供各种业务及项目策划服务、研究中心管理服务、合同研究服务、一期/早期及临床药理试验管理服务以及专业培训服务，协助完成临床研究计划

资料来源：根据公开资料整理。

香港中文大学在一期临床研究方面也颇具优势，如配备早期临床试验所需要的最先进的设备，包括药品储存与生物样本处理设施等。其早期临床研究数据，不但获得 NMPA 承认，也可提交给美国、欧洲、日本等药品监督管理局。具体如表 3-12 所示。

表 3-12 香港中文大学一期临床研究优势

项目	优势
获国家药品监督管理局认证	一期临床研究中心和生物等效性研究单位分别于 2016 年和 2006 年获得 NMPA 认证。通过收集的早期临床研究数据，不但获得 NMPA 承认，也可提交予美国、欧洲、日本等药品监督管理局
科研成就	研究团队过往成功完成过各类 PK/PD 试验、SAD/MAD 试验、食品—药物相互作用、药物相互作用、首次人体试验及生物等效性试验等。所试验之药物类型涵盖广泛，包括疫苗、药丸、喷雾剂、注射剂、经皮给药系统和外用药物等。完成超过 170 项早期临床试验，拥有超过 8800 名健康志愿者数据库
中心设备	一期临床研究中心位于韦尔斯亲王医院，配备早期临床试验所需要的最先进的设备，包括药品储存与生物样本处理设施等

资料来源：香港中文大学一期临床研究中心官网。

三是香港已成为亚太地区最大的生物科技公司首次公开招股中心。在融资方面，港交所于 2018 年创新上市规则，允许未曾盈利的生物科技企业在符合特定条件后申请上市。2020 年，共有 23 家内地医疗健康企业在香港上市，共融资 980 亿港元。此外，中央政府批准将按新上市制度在香港上市尚未盈利的生物科技公司和内地科创板股票在符合特定条件下纳入“互联互通”的选股范围，拓展了香港生物医药科技公司融资的空间。

专栏 3-1 特区政府将生物科技列为香港重点产业

香港特区政府推出财政措施，希望将生物科技打造成为香港重点产业之一。政府在 2018—2019 年《财政预算案》中宣布，拨款 30 亿港元予香港科学园，用以兴建包括生物科技有关的科研基建和设施，并预留 100 亿港元建设两个创科平台，其中包括医疗科技创新平台。2019 年 2 月，政府在 2019—2020 年的《财政预算案》中宣布，拨款约 12 亿港元设立香港基因组中心，以及推动上年《施政报告》宣布的香港基因组计划，于未来 6 年进行 4 万~5 万次全基因组测序。这些措施将有助于促进有关生物科技对香港及其他地区患者的临床应用和相关创新科学研究。

资料来源：根据公开资料整理。

四是优质生物医药企业具有国际竞争力。截至 2021 年 6 月，香港共 33 家尚未盈利的生物科技公司成功上市。目前，香港有超过 250 家生物科技相关公司，其业务领域涉及药物、以传统中药为主的药用或健康产品、医疗和诊断器材等，业务范围包括产品研发、制造、市场推广和销售等。香港催生了优质的生物医药企业，如业聚器械集团推出一系列治疗冠状动脉和外周血管疾病的创新支架和冠状动脉扩张导管，已在中国和日本获得欧洲合格认证并通过审批，具有一定的国际竞争力。香港部分上市生物医药企业概况如表 3-13 所示。

表 3-13　香港部分上市生物医药企业概览

企业名称	概况（市值/主营业务/优势等）
康方生物科技（开曼）有限公司	成立于 2012 年，是一家致力于研究、开发、生产及商业化全球患者可负担的创新抗体新药的生物制药公司。公司建立了端对端全方位的药物开发平台（ACE 平台），涵盖了全面一体化的药物发现和开发功能，包括靶点验证、抗体发现与开发、双特异抗体药物开发平台、CMC 生产工艺开发、符合国际 GMP 标准的规模化生产等
康宁杰瑞生物制药德琪医药有限公司	成立于 2015 年，专注于研发、生产和商业化创新肿瘤药物。公司创建了具有自主知识产权的生物大分子药物发现、研发、生产技术平台
百济神州有限公司	为全世界的癌症患者提供有效、可及且可负担的好药。公司有着广泛的产品管线，包括许多具有“同类首创”或“同类最佳”潜力的临床前候选药物
再鼎医药有限公司	总部位于上海，是一家致力于研究、开发和销售创新药物的制药企业，主要研究领域包括肿瘤、自身免疫性疾病、感染性疾病和中枢神经系统疾病等

资料来源：根据公开资料整理。

（二）澳门生物医药发展的独特优势

中医药是澳门的优势产业之一。根据澳门特别行政区的第二个五年发展规划，特区政府已经确定了中医药、会展、旅游和创意文化四个重点产业。澳门的中医药优势主要体现在以下几个方面。

一是重点实验室基础研究实力强。中药质量研究国家重点实验室是由澳门大学与澳门科技大学共同组建的，北京大学天然药物与仿生药物国家重点实验室为其伙伴实验室。该实验室已成为具有国际先进水平的中药质量和创新药物研究基地，以获取原始创新研究成果和自主知识产权、会聚和培育中医药优秀人才以及拓展国际高水平学术交流与合作为目标，注重集成多学科前沿技术，推进中医药科研产业的国际化发展。目前，澳门大学中药重点实验室有 33 名全职教授、3 名澳门学者、50 名研究助理及 300 名研究生，专注于不同范畴的中药研究。实验室设有五大平台，即有效、安全、稳定、可控及临床研究中心，围绕中医药研究的难点和澳门中药产业发展进行深入研究。实验室团队在科学引文索引（SCI）收录的期刊发表了近 1800 篇论文，被引用达 2.5 万次，并获本地、内地及海外多个科技研究奖项。

二是粤澳合作中医药科技产业园稳步发展。2019 年 2 月 18 日，中共中央、国务院印发《粤港澳大湾区发展规划纲要》，提出支持横琴粤澳合作中医药科技产业园等重要创新载体建设。园区占地面积 50 万平方米，由澳门和横琴共同组建公司进行开发建设与运营管理，目前，园区已经建立了欧盟认证标准的 GMP 中试生产、研发检测等一站式、全方位、一体化、全链条的高标准中医药服务平台，完善连接欧盟、东盟、非洲的市场网络。2021 年，横琴粤澳合作中医药科技产业园营业收入已突破 50 亿元大关，达到 57 亿元。截至 2022 年，粤澳合作中医药科技产业园已有注册企业 220 家，其中通过产业园平台培育的澳门企业 54 家，涉及中医药学、保健品、医疗器械、生物医药等领域，产业聚集效应凸显。产业园已协助多家企业的产品在莫桑比克注册成功，7 款产品在巴西获得中成药注册备案上市许可，助力中医药企业“走出去”，开拓国际市场。

三是澳门中医药与内地协同发展不断推进。除了横琴，澳门还与内地其他城市积极开展中医药合作。2017 年，澳门投资发展股份有限公司和四川省中医药管理局签署《川澳中医药产业发展合作框架协议》。2018 年，深圳坪山区政府、澳门科技大学、深圳市和顺堂医药有限公司共同签署《共建深澳中医药创新研究院合作框架协议》，在坪山建设深澳中医药创新研究院，着力打造综合技术平台、高新技术转化与孵化平台、国际合作和教育培训中心，建设成为中医药专业特色鲜明、具有原始创新能力和产业转化能力的国际化研究机构。此外，由澳门大学、香港浸会大学、广东省中医院共同构建的“粤港澳大湾区中医药创新中心”于 2018 年 8 月 16 日正式启动。该中心为国家中医药管理局国际合作司的专项项目，将开展教育部粤港澳联合实验室的建设，重点推动中医药在防治免疫相关疾病方面的学术研究、产业转化与临床应用。

四是澳门中医药科技产业具有精准联系国际的独特优势。澳门具有国际窗口的优势，可在促进中医药科技产业的国际化发展上发挥重要作用。2015年，WHO传统医药合作中心在澳门挂牌。澳门特区政府与WHO于2011年签署了传统医药合作协议。经过4年的成功合作，WHO批准澳门特区政府卫生局设立“世界卫生组织传统医药合作中心”，该中心将在培训传统医药人才以及促进国际交流和合作方面开拓进取，推进国际传统医药的发展。与此同时，“一带一路”建设将为中医药国际化发展带来新机遇，通过与“一带一路”共建国家及地区进一步加深合作交流，澳门在参与中药贸易、中医服务和知识产权方面可以进一步推动中医药文化和技术走向世界。

五是澳门中医药注册制度不断完善。2022年，澳门特区政府实施《中药药事活动及中成药注册法》，完善监管中药药事活动，推动中药业健康有序发展。澳门特区政府药物监督管理局持续优化及适时更新技术性指示，已启动中药房和中药进出口批发准照一站式发牌的工作，落实便民便商政策。更新后的中药药事活动及中成药注册技术性指示共25项，涵盖临床试验、中成药注册、中药产品进口、制造、流通、分销、供应及使用各环节。为提升澳门制造中成药的竞争力，提高中成药注册的效率，澳门特区政府设立了由内地及澳门专家组成的中成药审评专家顾问委员会，依法负责就中成药注册的许可、续期、更改、中止和注销，中成药的质量、效用及安全性评估等发表专业意见，为相关部门专业决策提供支持。

三、广州、深圳生物医药创新发展的优势

广州、深圳拥有国际生物岛、坪山国家生物产业基地、多家国家临床医学研究中心、省级实验室，以及国家基因库等一批重大科技基础设施；拥有中山大学、南方医科大学等知名医科大学，以及具有国际竞争力的龙

头骨干企业和创新型企业①。广州、深圳也是大湾区的中心城市，对周边城市具有辐射带动作用，更有利于推动区域的协同创新发展。

（一）广州生物医药发展优势

2019 年以来，广州连续实施《广州市加快生物医药产业发展实施意见》《广州市加快生物医药产业发展若干规定》《广州市生物医药全产业链发展推进方案》等政策措施，推动生物医药产业高质量发展，加快广州市生物医药形成聚集效应。

1. 生物医药创新能力强

广州在生物制药、生物技术、现代中药、化学药、生物医学工程、医疗器械等生物医药产业领域的研发、生产和服务水平较高，目前已形成研发在生物岛、中试在科学城、制造在知识城，以及广州健康医疗中心、白云生物医药产业基地、国际医药港等特色园区协调发展的“三中心辐射多区域”发展新格局。广州生物医药产业保持年均 10%左右的增速，企业数量位居全国第三，全市生物医药与高端医疗器械产业规模力争到 2023 年超过 6000 亿元②。2019—2021 年，广州累计获批国产药品 3247 件，新药临床批件 149 个，二类、三类医疗器械 1127 件，进入创新审查和优先审批程序的医疗器械获批 33 个。据广州市生物产业联盟研究院统计，广州建成了广东省 6 家药物非临床安全性评价机构（GLP）和全省共 39 家药物临床试验机构（GCP）以及生物医药领域重点实验室、工程中心等一大批新药研发平台。近年来，广州协调推进医药、医疗、医保“三医联动”改革，完善生物医药与健康全产业链生态建设，推动重大创新科技成果实现“样品—产品—商品”的转化。国家重点实验室、企业技术中心等是重要的创新平台，广州生物医药相关各类专业平台众多，是创新发展的重要支撑，如表 3-14 所示。

---

① 广东省工业和信息化厅．广东省发展生物医药与健康战略性支柱产业集群行动计划（2021—2025 年）［R/OL］．［2020-10-09］．http：//www.gd.gov.cn/zwgk/zcjd/snzcsd/content/post_3097953.html.

② 广州生物医药产业年均增速 10%［N/OL］．广州日报，［2022-03-08］．http：//tradeinservices.mofcom.gov.cn/article/shidian/lxhy/202203/131238.html.

表 3-14 广州生物医药国家重点实验室

序号	专业平台	数量（家）
1	国家重点实验室（包括企业国家重点实验室）	5
2	国家企业技术中心	5
3	国家工程技术研究中心	3
4	国家工程实验室	6
5	省级实验室	4
6	省级重点实验室（包括企业省级重点实验室）	73
7	省级工程实验室	13
8	省级工程技术研究中心	199
9	省级企业技术中心	42
10	新型研发机构	17

资料来源：根据公开资料整理。

另外，广州的创新企业综合实力强。2022 年，广药集团成功迈入世界 500 强企业行列，莱恩医药等企业入选国家级专精特新“小巨人”企业、落户企业百济神州成为全球首家在美股、港股和 A 股三地上市的生物医药企业。广州生物医药的龙头企业分布在现代中药、生物药、中成药、医学检测、基因诊断、研发外包服务、制药等领域，具体如表 3-15 所示。

表 3-15 广州部分龙头企业发展概况

企业名称	概况	产业链布局
广州康立明生物科技股份有限公司	专注于长安心粪便 DNA 肠癌检测试剂盒等肿瘤早期筛查诊断产品以及相关自动化检测设备的研发、生产和销售	在天津、武汉、济南等地搭建了第三方医学检验实验室，面积达 2 万平方米
广州凌腾生物医药有限公司	是一家研发驱动的生物制药公司，致力于开发创新型的 T 细胞衔接双特异性抗体药物，将恶性肿瘤转化为可控制、可治愈的疾病	通过与 Horst Lindhofer 博士创立 Lindis Biotech 合作，凌腾生物医药将在授权区域开发卡妥索双抗
广东天科雅生物医药科技有限公司	通过滚动性开发系列 CAR-T、TCR-T、CAR-NK 免疫细胞治疗产品，提高肿瘤的治愈率	目前有美国洛杉矶和北卡以及中国重庆和广州四个中心，以工程化 T 细胞为最终靶向，专注于肿瘤免疫细胞治疗技术的创新性研发和产业化

续表

企业名称	概况	产业链布局
广州微远基因科技有限公司	专注于基因诊断领域与感染精准医疗，是为临床提供感染精准诊断综合解决方案的国家高新技术企业	微远基因与中国医学科学院、北京协和医院、解放军总医院等临床院所建立了深入合作关系

资料来源：根据公开资料整理。

截至2022年9月，根据万德数据库统计的医疗保健行业全国上市企业名单，广州部分生物医药拥有达安基因、香雪制药、博济医药等上市企业，其经营范围包括医学研究和试验发展、医疗设备租赁、人体基因诊断与治疗技术开发、中药材种植、药品研发及化学试剂和助剂制造等，具体情况如表3-16所示。

表3-16 广州部分上市医疗保健企业情况

企业名称	经营范围
达安基因	医学研究和试验发展；医疗设备租赁；人体基因诊断与治疗技术开发等
香雪制药	中药材种植，中药材收购、销售，生产气雾剂、片剂、硬胶囊剂、颗粒剂、口服液、合剂、口服溶液剂、中药饮片，中药前处理及提取等
冠昊生物	研究、开发、生产：二类、三类：（2017年医疗器械分类目录）13无源植入器械，14注输、护理和防护器械；6846植入材料和人工器官，6864医用卫生材料及敷料；三类、二类：植入材料和人工器官，医用卫生材料及敷料、药品的批发、零售（不设店铺）；药品生产；销售自产产品及提供服务；自有资产对外投资，高新技术成果和创业型科技企业、高新技术企业的孵化及投资；生物科技、医药医疗等领域技术开发、咨询、转让和服务等
博济医药	药品研发，医学研究和试验发展，生物技术推广服务，生物技术开发服务，信息技术咨询服务，科技信息咨询服务，科技项目评估服务，生物技术咨询、交流服务，生物技术转让服务，科技中介服务，科技成果鉴定服务，技术进出口，专利服务，商标代理等服务，化学试剂和助剂制造，药物检测仪器制造等

资料来源：根据公开资料整理。

此外，有关统计数据显示，生物医药企业呈现单中心集聚，高度集聚在广州（60.1%），其他则主要分布在深圳、东莞、中山等城市。这些城市中广州增速和增量均位居第一，企业集聚优势进一步增强。

在创新能力不断增强的过程中，广州形成了完备的生物医药产业链。广州是粤港澳大湾区中心城市，具有生物产业基地和医药出口基地的叠加优势，目前已形成以现代中药、化学药和医疗器械为主体，具备干细胞再生医学、体外诊断产品及检验服务、海洋生物等特色优势，培育生物制药、生物医用材料、精准医疗等领域的产业体系。近年来，广州培育了广药集团、香雪制药、达安基因、金域医学、万孚生物、迈普医学等各领域龙头企业，形成了精、特、新骨干企业集群式发展局面。

2. 生物医药产业园区实力强

广州的生物医药产业领先全国，集聚了国家级战略性新兴产业集群。近年来，广州对生物医药产业发展予以大力扶持，通过政府引导与民间投资联动，强化生物制药产业集聚发展，出台了一系列支持园区发展的政策。以黄埔区广州知识城为例，2021 年 3 月 29 日，黄埔区率先推出《广州知识城促进生物医药产业高质量发展十条》，助力推动全区生物制药产业高质量发展，建设国际一流的生物制药产业高地，打造世界级生物医药产业集群。政策覆盖面广，支持力度全国领先，在研发创新、新增场地面积、CRO 对外服务、首套房等方面给予补贴，扶持措施具有针对性和可操作性，将很好地推动生物医药产业发展。依据《广州知识城促进生物医药产业高质量发展十条实施细则》，在重大项目扶持补贴、加大创新扶持、支持高水平服务机构建设、营造特质环境、强化金融支撑、首套房购买补贴、科技项目配套、支持生物岛企业产学研合作和创建集群品牌方面进行扶持。

再以医药健康综合试验区为例①，2021 年 3 月，广州市推进粤港澳大湾区建设领导小组印发了《粤港澳大湾区医药健康综合试验区建设总体方案》（以下简称《方案》）②，《方案》指出，粤港澳大湾区医药健康综合试验区是大湾区建设的重要抓手，将打造成为粤港澳医药健康产业创新合作示范区、国家中医药复兴战略重要承载区、大湾区医药健康产业发展新高地和全球医药商贸服务中心，引领大湾区乃至全国医药健康产业发展。

① 2020 年荔湾区规模以上医药制造业企业 12 家，医药制造业产值达到 52.51 亿元；拥有 25 家医疗器材生产企业，1640 家二类、三类医疗器械经营资质市场主体；广药集团连续多年稳居中国制药工业百强第一。

② 打造粤港澳大湾区医药健康综合试验区，争取特殊政策［N/OL］. 广州日报，［2021-04-14］. http：//hmo. gd. gov. cn/ygadwqdt/content/post_ 3260841. html.

粤港澳大湾区医药健康综合试验区位于广州荔湾区，园区的重点支持政策包括以下两个方面。

一是打造国际实验室、国际医学中心等科研平台。由于大湾区缺乏国际领先的生物医药科研平台，试验区将加快医药健康全产业链高质量发展，重点推动国家呼吸医学中心（广东）投入运营，配合筹建呼吸领域国家实验室；加快推进省心血管医学中心规划落地，打造世界一流、辐射大湾区的国际医学中心。这些举措将有利于广州打造粤港澳大湾区医药创新高地，争取省市先行先试政策支持，推动粤港澳大湾区医药健康综合试验区向更高层级迈进。

二是争取建设医药保税交易中心，港澳合法上市非处方类药品可在市场内限额销售。广州国际医药港将积极推进医药健康产业集聚发展，争取将广东自贸区贸易投资有关支持政策延伸到广州国际医药港，谋划建设荔湾医药保税交易中心，开展药物进出口贸易、跨境直购等业务，这将有利于推动广州生物医药进出口贸易发展。

（二）深圳生物医药发展优势

深圳是粤港澳大湾区核心引擎城市之一，在生物医药产业规划布局方面具有前瞻性、引领性。近年来，深圳积极提升生物医药重点领域的关键技术，努力建设全球知名的生物科技创新中心、生物医药产业集聚地。深圳市已初步形成较为系统的医疗健康产业链，研发实力强，在基因检测、创新药、医疗器械等细分领域优势突出，并具有国家级龙头企业和创新型企业（见表 3-17）。2021 年，深圳市生物医药产业营业收入 461 亿元，已获批上市 1 类新药 7 个，进入临床试验阶段的创新药 84 个，通过仿制药一致性评价品种 94 个。

表 3-17　深圳生物医药产业优势

优势领域	具体表现	代表企业
基因检测	依托华大基因及其孵化系列企业，深圳在新一代基因测序与超大规模生物信息分析方面走在世界前列。在无创产前基因检测、疾病筛查、肿瘤免疫等领域占据先发优势	华大基因等

续表

优势领域	具体表现	代表企业
医疗器械	成为我国医疗器械行业的重要产业集群区域。在生命体征监护、医学影像诊断、放射治疗、医用电子仪器、介入治疗、口腔义齿和体外诊断试剂领域形成特色优势	迈瑞医疗、理邦仪器、开立生物、亚能生物、新产业、深圳安科、先健科技等
生物药	深圳作为首批国家生物医药产业基地和国家自主创新示范区，生物医药产业发展起步早、基础好，培育出一批优秀生物医药企业，产业规模不断扩大，新业态不断发展	深圳市北科生物科技有限公司等

资料来源：根据公开资料整理。

根据《深圳市2022年度知识产权数据统计分析报告》，2022年，深圳市生物医药产业发明专利有效量为26060件，发明专利授权量为1913件。其中，2022年，深圳市脑科学与类脑智能产业的国内发明专利公开量为14840件，国内发明专利授权量为3705件，均在全国城市中排名第二。深圳有600多家生物医药类国家高新技术企业。截至2021年3月，深圳共有21家上市生物医药企业。坪山国家生物产业基地、河套深港生物医药创新政策探索区、宝龙生物药创新发展先导区、光明生物医学工程创新示范区、坝光国际生物谷精准医疗先锋区等，是生物医药产业发展的重要园区。近年来，深圳陆续出台了促进生物医药产业集聚发展的文件，全力推进生物医药高质量发展。

深圳生物医药的研究机构众多。深圳已成为全球重要的基因组研究中心和国内基因测序应用的龙头城市。深圳初步建立了以南方科技大学、深圳大学、中国科学院深圳先进院等科研院校及相关重点企业为主体的创新支撑体系。截至2020年，深圳在生物医药领域组建了511家重点实验室、工程研究中心、企业技术中心等各类创新载体，其中国家级创新载体27家，拟合成生物学、脑解析与脑模拟等重大科技基础设施在光明科学城开工建设。深圳重点实验室体系建设步伐加快，截至2022年3月底，在深圳已累计建设国家重点实验室6家、广东省级实验室4家、基础研究机构12家，各类创新载体总计超3100家①。深圳市6家国家重点实验室中，

① 深圳：一大批重大创新平台正在崛起［EB/OL］. 深圳商报新闻网，［2022-04-13］. https://www.sznews.com/news/content/mb/2022-04/13/content_25056862.htm.

有农业基因组研究所（由华大基因负责）、省部共建肿瘤化学基因组学（由北京大学、清华大学深圳国际研究生院负责）2家重点实验室与生物医药有关（见表3-18）。

表3-18 深圳部分生物医药国家重点实验室概况

实验室名称	概况	重点研究方向
中国农业科学院深圳农业基因组研究所	成立于2014年，由农业农村部、中国农业科学院和深圳市政府共同建设	形成了以组学技术为核心，辐射农业、食品和生态方面的学科体系，获批岭南现代农业科学与技术广东省实验室深圳分中心等创新载体
省部共建肿瘤化学基因组学	由北京大学深圳研究生院与清华大学深圳国际研究生院合建，是深圳市第一家依托高校的国家重点实验室	以“肿瘤化学基因组学的前沿方法和技术”“肿瘤致病机制及靶标和标志物”“肿瘤药物先导化合物的发现与评价”为主要研究方向，发展药物研究的新方法、新技术

资料来源：根据公开资料整理。

截至2022年9月，根据万德数据库统计的医疗保健行业全国上市企业名单，深圳拥有国药一致、海王生物、华润三九等上市企业，涉及中药、化学原料、医疗器械等领域，具体如表3-19所示。

表3-19 深圳部分生物医药上市企业情况

企业名称	经营范围
国药一致	中央国有企业，中药饮片、中成药、化学原料药、化学药制剂、抗生素原料药、抗生素制剂、生化药品、生物制品、药用包装材料及医药工业产品研究与开发、咨询服务等
海王生物	民营企业，生产经营生物化学原料、制品、试剂及其他相关制品，开发生物化学产品和其他相关制品等
华润三九	药品的开发、生产、销售，中药材种植，相关技术开发、转让、服务等
海普瑞	开发、生产经营原料药（肝素钠、依诺肝素钠）等
尚荣医疗	医疗设备及医疗系统工程、医疗设施的技术开发（不含限制项目）等
一致B	中药饮片、中成药、化学原料药、化学药制剂、抗生素原料药、抗生素制剂、生化药品、生物制品（含疫苗和体外诊断试剂）、第二类精神药品（制剂）、麻醉药品、第一类精神药品（区域性批发企业）、医疗用毒性药品、蛋白同化制剂、肽类激素的批发；保健食品经营；药用包装材料及医药工业产品研究与开发、咨询服务

续表

企业名称	经营范围
理邦仪器	第一类、第二类、第三类医疗器械，医疗器械软件，体外诊断试剂及相关配（附）件的研发、生产、批发、零售、进出口、售后服务及相关配套业务；电子产品，仪器仪表，通信产品，无线通信产品，信息系统，计算机软件，兽用器械（含兽用医疗器械），家用器械，消毒类产品的研发、生产、批发、零售、进出口、售后服务及相关配套业务等

资料来源：根据公开资料整理。

此外，深圳医疗器械产业发展水平领先。2021 年，深圳市高端医疗器械产业增加值 275.36 亿元；营业收入 805 亿元，产业发展水平领先全国①。截至 2021 年底，深圳医疗器械产业出口占全国的 14%，多年居全国大中城市的首位。全市共有医疗器械生产类企业 1800 多家，规模以上企业数量领先全国，产值超亿元的企业 95 家，居全国各大城市之首。医疗器械企业产值及上市企业市值均居全国首位。深圳拥有一类产品备案 3937 个，累计参与制定医疗器械国际标准 17 个、国家标准 78 个。2020 年 4 月，国家高性能医疗器械创新中心落地深圳，是我国医疗器械领域唯一的国家制造业创新中心，将加快推动高端医疗器械自主可控、提升创新水平。在发展目标方面，《深圳市培育发展高端医疗器械产业集群行动计划（2022—2025 年）》提出，到 2025 年，将深圳建设成为全球知名的高端医疗器械研发中心和国内领先、国际一流的高端医疗器械产业集聚发展高地。

四、大湾区其他城市生物医药创新发展的优势

除了香港、澳门、广州、深圳等城市在生物医药领域具有独特优势外，大湾区其他城市如佛山、东莞、中山、珠海、惠州、江门、肇庆等城市也具有一定的优势。

（一）大湾区其他城市生物医药大型企业初步集聚

佛山、东莞、中山、珠海、惠州、江门、肇庆等城市初步集聚了生物

① 独特，高质量发展调研行 · 产业综述丨深圳向高端医疗器械产业高地稳步迈进［EB/OL］. 深圳商报，2022-12-21，https：//www.dutenews.com/shen/p/7239087.html.

医药的大型企业，上市企业也逐步增加。例如，截至 2023 年 2 月，珠海高新区集聚生物医药与医疗器械产业上市企业 3 家、规模以上企业 28 家，高成长、创新型企业近百家，产业集群以及规模化效应加速显现。截至 2022 年 9 月，根据万德数据库统计的医疗保健行业全国上市企业名单，珠海有 8 家上市企业，涉及中药、化学药、医学研究和试验研发、生物化工产品技术研发、医疗实验室设备和器具制造、健康咨询服务等领域。中山有 1 家上市企业，主要涉及医疗器械研发、生产、销售等，江门有 2 家上市企业，主要涉及医药制造、保健品生产、医药研发服务、技术研发、健康管理服务等（见表 3-20）。

表 3-20　大湾区其他城市部分生物医药上市企业情况

城市	企业名称	经营范围
东莞	众生药业	生产、销售片剂，硬胶囊剂，颗粒剂，丸剂，合剂，口服液，糖浆剂，栓剂等；中药前处理及提取；药品研究开发等
珠海	丽珠医药	生产和销售自产的中西原料药、医药中间体、中药材、中药饮片、医疗器械、卫生材料、保健品、药用化妆品、中西成药、生化试剂等 药物新产品的研究和开发、技术成果转让、管理服务、医疗诊断设备的租赁等
	赛隆药业	药品、食品、营养食品、保健食品、保健品、医疗机械的研发、生产和技术服务等
	润都股份	药品生产、药品批发、药品零售、危险化学品经营、药品进出口。 一般项目：医学研究和试验发展、药品委托生产、生物化工产品技术研发、工程和技术研究和试验发展
	健帆生物	三类医疗器械生产、三类医疗器械经营、三类医疗器械租赁，医疗器械互联网信息服务，药品互联网信息服务，药品批发，药品零售，药品进出口，医疗服务，二类医疗器械销售、二类医疗器械租赁，一类医疗器械生产、一类医疗器械销售、一类医疗器械租赁，食品添加剂销售，医学研究和试验发展，生物基材料技术研发，生物基材料销售，健康咨询服务（不含诊疗服务），远程健康管理服务等
中山	乐心医疗	软件开发和销售，研发，医疗器械，二类、三类医疗器械生产，研发、生产、销售等

续表

城市	企业名称	经营范围
江门	特一药业	医药制造业、保健品生产、医疗器械、日用品批发、技术服务、房屋租赁
	睿智医药	保健食品的研发、生产、销售及技术转让，低聚果糖、低聚半乳糖、母乳低聚糖、医疗器械、诊断试剂、特殊医学用途配方食品、食品添加剂及酶制剂、医药辅料、饲料添加剂的研发、生产、销售，医药研发服务，医药技术研发、技术咨询和技术转让，生物技术的开发和转让，研发、销售包装材料，健康管理服务、咨询、生物健康技术开发，保健食品、化妆品、日用品、保健仪器、检测仪器、理疗仪器

注：截至2022年9月。

资料来源：根据万德数据库、医疗保健、全国上市企业名单整理。

（二）佛山、肇庆推动生物医药产业高质量发展

佛山、肇庆是广佛肇都市圈的重要组成部分，也是推动大湾区生物医药协同创新的重要支撑。佛山在中医药特色产业的基础上，积极推动科技成果转化，生物医药是佛山重点布局的战略性支柱产业集群。2022年佛山市《政府工作报告》中提出将“加快发展生物医药与健康战略性支柱产业集群，促进产业迈向全球价值链高端”。2022年，佛山市生物医药与健康产业产值达到462亿元，已初步形成了一定的产业规模。“三龙湾中德生物医药产业园”是佛山发展生物医药的重要平台，拥有科荟生命科技产业中心、云天生物创新产业中心、联东U谷和东马智造城等众多生物医药产业承载空间，汇聚了国内领先的生物医药公司。

依托自然资源禀赋和长期产业积累，肇庆已形成南药种植、中医药制造、中药研发、中医诊疗的完整体系，粤港澳大湾区生物技术和实验动物科技产业园正在加速建设之中，肇庆结合自身特点和发展方向持续满足粤港澳大湾区南药原材料供应、医药临床前研究和安全性评价需求，加快推动粤港澳大湾区生物医药产业的发展。目前，正在加快建设肇庆（德庆）粤港澳大湾区南药健康产业基地、肇庆高新区国际兽医兽药产业园、鼎湖区生命健康产业园等重点项目。

（三）东莞、惠州推动珠江东西两岸协同创新

东莞、惠州是深莞惠都市圈的重要组成部分，也是推动珠江东西两岸

生物医药协同发展的主力军。东莞是大湾区重要的核医学研发中心，位于东莞的中国散裂中子源是国内重要的核医学研究基地。根据企查查数据，近年来生物医药新注册企业数量增长较快。截至 2022 年 12 月，东莞生物医药产业相关的注册企业超 13000 家。东莞拥有松山湖高新区、石龙镇、长安镇等多个生物医药产业集聚区，其中，松山湖生物医药产业基地已经集聚东莞大部分生物医药产业创新资源，注册生物医药企业 500 多家。总体上，东莞市生物医药产业链配套完善，其中，在传感器、屏幕、芯片、电池、操作系统、配套服务、生物医药制造、经销等环节均有企业布局。

惠州是中医药传承地，拥有悠久的中医药文化、优越的资源禀赋，生命健康产业初步形成以中医药为特色产业，医药、器械同步发展的产业集群。据统计，2021 年惠州生命健康产业产值达 377 亿元，其中生命健康制造业产值 129.14 亿元。惠州不断加大对优质生物医药产业项目的招商引资力度，惠州惠城区、博罗县、龙门县、龙门医药与生命健康产业片区也在迅猛发展。惠州医药制造业已形成中药制剂、化药制剂、原料药、药用辅料、中药饮片全面发展的局面。

（四）珠海、中山、江门推动珠江西岸生物医药快速发展

珠海、中山、江门是珠江西岸生物医药发展的重要片区。近年来，珠海通过建立生物医药产业公共服务平台、建设专业园区、推广自主创新产品，打造区域性新药创制中心、全国一流的生物医药产业基地和大湾区生物医药资源新型配置中心。珠海已基本形成以医药制造业为主体、医疗器械为支撑、中医药为特色、精准营养和化妆品为补充的生物医药与健康产业体系，并成功入选“国家首批战略性新兴产业集群”名单。

近年来，中山市生物医药发展进入加速期，拥有国家健康科技产业基地、华南现代中医药城、中山生命科学园等健康医药产业园平台，拥有药品进口口岸、广东省制药产业计量测试中心、MHA 持证平台、中国检验检疫科学研究院粤港澳大湾区研究院、中科中山药物创新研究院等创新平台，集聚了知名企业及创新领军型企业，生物医药产业集群优势明显。中山正成为医药健康产业资源集聚地、创业孵化地和科技成果转化地。新药

研发、生物药、高端医疗器械、基因治疗、智能医疗健康、美妆等是中山发展生物医药的重点领域。

江门健康产业基础较好，经过多年发展，涌现出一批具有实力的知名企业，产品类型涵盖化学药、中成药、中药饮片、原料药、医药中间体、药用辅料、医药包装材料、医疗设备及器械等细分领域。如江门的特一药业是集医药研发、医药工业、医药商业于一体的综合性医药集团，主要产品包括中成药、化学制剂药及化学原料药。广东省医学大动物模型重点实验室是五邑大学与中国科学院广州生物医药与健康研究院合作共建的重点实验室，实验室以攻克人类重大疾病为目标，围绕再生医学大动物模型研究方向，以猪、兔、猴和犬类为主要实验动物模型，建立高标准、国际化的大动物疾病模型繁育和研究基地。

第四章

粤港澳大湾区生物医药协同创新的国内外经验借鉴

从全球生物医药发展看，美国、欧洲、日本和韩国等国家和地区处于领先地位，产业集群发展程度高，药物发明专利、龙头企业数量众多，从国内生物医药发展情况看，上海、苏州等地的生物医药已形成较大规模，发展质量较高。可以看出，生物医药产业的发展除技术本身的突破外，政府的有效参与、研发与应用等产业链条的有效搭建、产业集群的有效集聚、资源特别是资本的有效集聚均发挥了重要作用。国内外发达地区的生物医药产业发展较早，在产、学、研深度协同创新方面已形成丰富的实践经验，值得大湾区借鉴学习。

一、欧美生物医药协同创新经验

从欧美范围看，生物医药产业的集群化布局趋势明显，美国波士顿、丹麦—瑞典、英国剑桥等地区，都以区域集聚的形式集聚化发展，特定的区域范围内聚集了大量的医疗中心、科研教育机构、科研人才及资本，完整的产业链和资本链又在更大程度上吸引着全球生物医药优质企业不断汇聚，推动区域生物医药协同创新发展。

（一）波士顿生物医药

近年来，波士顿在生命科学领域形成了以麻省理工学院（MIT）为核心，以老城区、128 公路、495 州际公路为辐射发展区的创新生态体系。其中，MIT、创新体系及政策调整成为 128 公路发展生命医药的关键。波士顿生物医药协同创新发展的经验体现在以下几个方面。

一是前瞻性布局，出台政策支持生物医药发展。进入 21 世纪后，美国社会更加注重生命质量，这一时期，大批化学药专利到期，制药公司在化学药的新药发现环节遇到瓶颈，高校集聚的波士顿，依托生命科学领域的创新资源，抓住机遇大力发展生命医药产业。2008年，马萨诸塞州州长宣布通过《马萨诸塞州生命科学法案》，计划在10年内由州政府提供10亿美元用于推进生物技术产业的发展。2018年，该法案再次延长5年，州政府追加了5亿美元用于推进生物技术产业的发展。

2016年和2017年，马萨诸塞州先后公布了“创新之桥”和“生命科学2.0”两项计划，推动波士顿科技中心肯德尔广场周边的创新创业。其中“创新之桥”主要通过各类创新论坛、研讨会吸引非营利性组织、企业、学术机构与政府进行创新合作。“生命科学2.0”则计划投入5亿美元用于生命科学领域的基础设施建设、研发和劳动力培训。随着创新环境的完善，肯德尔广场成为“生命科学领域华尔街”。在政府的支持下，2018年，波士顿地区对生命科学领域初创的投资已超过88亿美元。

在税收政策的扶持方面，对于投资生命科学领域的企业、个人，享受20%~30%的投资税减免。而相关领域初创公司的员工，可获得一定比例的个人所得税抵扣。2018年，州政府出台6.23亿美元的生命科学领域税收抵扣法案，进一步加大税收政策的优惠力度。此外，州政府还出台了包括科研成果财政扶持和提供多种税收鼓励政策、融资途径和补助金，比如创造就业鼓励项目、研发税收减免政策、马萨诸塞州新兴科技基金等。

二是发挥高校与企业的协同创新作用。MIT面向学生、教师、校友组建了80多个创新和创业组织（I&E），针对创新团队提供定制课程、指导和活动。推行MIT工业联络计划，这是一个由学校、政府、企业组成的生态网，连接着1700余家企业，其中800家为世界领先公司。波士顿集聚了阿斯利康、赛默飞、诺华、辉瑞等超过2000家来自全球生命科学领域的科研机构和企业。学校、企业平均每年有600个合作项目接洽，企业对于具有商业价值的项目，将购买专利或者进行孵化。例如，著名的MIT媒体实验室展开的“分子机器”项目，得到药企资助，通过基因组工程、机器学习、生物信息学等跨学科协作，解决药品疗效设计问题。同时，科研院校等也积极发挥企业孵化的功能，比如MIT的企业孵化中心为生物技术企业培养了众多科学家，MIT 的“5 万美元创业竞争”创业基金每年资助学生中的创业者等。波士顿的高校与企业之间积极推动生物医药技术成果转化。在波士顿生物技术产业集群，高校科技成果转化主要通过四种方式实现，如表 4-1 所示。

表 4-1　波士顿高校科技成果转化方式

科技成果转化方式	具体做法
将自身科技成果直接应用于集群的企业	缩短科技成果转化的周期，降低成本，提高科技成果转化率
通过集群的研发机构转化科技成果	集群的大部分企业建立了研发机构，研发机构对大学的科技成果进行了二次开发和产业化开发，以加快实现科技成果的转化
创建企业进行研发	一些具有广泛市场前景而又尚未成熟的科技成果，通过大学集群投资的企业进行开发、试验，形成稳定成熟的产品后，集群再将技术和企业出售给大型企业，由大型企业来投入生产，从而实现科研成果的转化
共同推动项目孵化	波士顿地区依托麻省理工学院、哈佛大学等世界一流的高校资源，麻省总医院、新英格兰医学中心等优质临床医学资源，以及众多在生命科学、分子生物学、新材料和化学等相关研究领域引领世界的优势学科群和实验室，与全球制药企业巨头、初创公司积极互动，形成引领当今医药领域最新发展趋势的研发模式——“临床—实验室—临床”（Bed-Bench-Bed，BBB）

资料来源：根据公开资料整理。

三是实验室资源丰富，加快集聚生物医药创新企业。波士顿的实验室空间供给丰富。以 MIT 为创新源头，实验室空间的需求不断增强，128 公路沿线片区是建设实验室空间的主要承载区。截至 2018 年底，整个大波士顿地区共有超过 280 万平方米的实验室；到 2024 年，波士顿还将新建近 190 万平方米的实验室，随着实验室空间的增大，实验设备、医疗器械等科研设施的需求日益增大，聚焦科学仪器的相关企业也落户 128 公路沿线，继续推动片区生物医药的协同创新发展。

（二）丹麦—瑞典生物医药谷

位于奥瑞桑德区域内的丹麦—瑞典生物医药谷是区域协同创新的典型示范。生物医药谷通过多方主体的协同发展，推动产业协作，高校、研究机构协作，商业网络协作。丹麦—瑞典生物医药谷协同创新发展的经验主要体现以下几个方面。

一是强化生物医药政策协同发展，制定协同发展战略①。医药谷是丹麦和瑞典两国在生命科学领域发展的协同战略，在融资渠道、信息资源等政策环境方面协同发展，共同优化生物医药产业政策环境建设，加强与北欧理事会对接，推动建设沿波罗的海医药带。此外，两国政府也积极推动专业化科技服务机构发展，建立专业的公共平台和咨询机构，提供技术转移咨询、知识产权、品牌建设等方面的专业服务。

二是推动高校协同发展，创新人才资源联通。丹麦—瑞典生物医药谷成功的关键之一是双方通过建立高校联盟，构建了紧密一体的区域创新协同机制，打通了两地创新科技资源。厄勒海峡区域内汇集了哥本哈根大学、隆德大学、马尔默大学、哥本哈根信息技术大学等大量高等教育和研究机构，与全球 800 余所高校有合作关系。为有效利用区域内高校及研究资源，厄勒海峡区域在 1997 年成立了高校联盟，共有 14 所高校加入，通过链接并共享课程、图书馆和其他资源设施，强化区域的科研竞争力。人才和劳动力资源方面，厄勒海峡两岸技术人员、研究人员和高级管理人员自由流动，提升了集群内人力资源匹配度，截至 2020 年底，生物医药谷共计约有 44000 名生命科学行业员工和 14600 名大学生命科学研究人员②。2021 年，厄勒海峡瑞典侧有超过 20 家生命科学科技企业的 CEO 职位由丹麦籍人员担任。厄勒海峡区域因为各类生物医药发展资源的集聚而不断吸引更多的外部人才，形成知识溢出效应。

三是强化生物医药研发机构、临床研究与科研服务协同。研发机构方面，在研发上游，医药谷拥有 15 家研究机构、9 所世界级高校和强大的科研设施支撑物质科学和生命科学的创新研究，拥有多个世界级实验中心，包括欧洲散裂中子源、激光同步加速器源 MAX IV 和哥本哈根糖尿病研究中心 Steno 等。临床研究方面，生物医药谷内 26 所门类齐全的研究型医院

① 丹麦—瑞典生物医药谷区域经济环境发展路径分析［EB/OL］. 工业快报，［2020-04-29］，https：//kuaibao. lzzcloud. com/news_ info/191089. html

② 巫英，李钊翀，万子卿 . 丹麦哥本哈根科学城建设经验及对我国科学城建设的启示［J］. 世界科技研究与发展，2022，4（2）.

和大量 CRO 企业，加快建设生物医药谷临床试验基地。生物医药谷内的医疗机构是欧洲最早执行 GCP 标准的医疗机构，是生物医药谷协同开展临床研究的重要保证。在技术转化阶段，生物医药谷内的技术转让组织、孵化器和科学园为协同创新转化提供有力支撑。科研服务方面，丹麦、瑞典两国分别设立官方中介机构，为各自国家区域内生物医药谷的商业投资和企业成长提供服务，为企业不同发展阶段提供免费、专业的咨询服务，在科研资源与企业对接方面发挥了重要作用，缩短了产品商业化时间。

四是积极推动生物医药企业创新协同。生物医药谷通过非营利性组织加强企业与研究机构的协作、交流，推动企业和医院紧密合作开展临床研究，以各种活动、论坛和会议来促成区域内企业与政府、科研机构之间的交流，如组织纳维亚生物技术论坛科技会议，发布科学研究成果，扩大在北欧地区的影响力。政府组织科研资源和企业形成紧密联系的网络，提高了生物医药谷的创新效率，促进北欧形成创新能力强的生命科学产业集群。

五是促进生物医药的金融支撑协同发展。生物医药谷吸引生物医药方面的投资超过伦敦和巴黎附近的医药区，居欧洲首位，以长期效益为战略考量的机构投资者在丹麦地区占更大比重，瑞典地区在天使投资运作上填补了医药谷私人投资的空缺。此外，通过协调公共基金、政府投资基金和民间风险投资基金的合作，为小型企业获得资金支持提供保障。

（三）英国剑桥生物医学园区

英国剑桥生物医学园区是英国剑桥科技园的重要组成部分，依托剑桥大学丰富的科研和人才资源，形成了以大学、研究机构、创业企业和大型跨国公司密切协作为特色的创新发展网络①。剑桥生物医药协同创新发展的经验主要体现以下几个方面。

一是剑桥大学提供优质的创新资源，孵化生物医药企业，是园区生态系统的核心和主要推动力。剑桥大学的科研、学术、技术和人才优势为剑

---

① 张聪慧，高天昊，汤天波．英国剑桥生物医学园区建设对我国的启示［J］．科技中国，2021（11）．

桥生物医学园区集聚了一批全球知名生物医药研发机构、医院、制药公司、大数据公司及中介服务平台，孵化出一大批充满活力的生物医学企业。在创新资源方面，企业通过与剑桥大学世界前沿科学家建立联系，获得最新研究成果。同时，剑桥大学提供了先进的科研设施、技术和临床资源，为企业发展壮大提供了充足的各类优秀人才、专用实验室或办公室，为初创企业和小企业提供运营空间，提高了高校成功孵化企业的概率，也促进了科研成果商业化（见表 4-2）。

表 4-2　英国剑桥生物医学园区创新要素情况

主体	具体机构
研究机构	阿斯利康的全球研发总部、医学卫生理事会的抗体研究实验室、剑桥大学医学院、癌症研究中心等
知名企业	艾博抗（Abcam）等
中小创新创业企业	400 多家生物医学企业
医院	Rosie 医院、皇家帕普沃斯医院、剑桥大学医院
园区管理	剑桥大学健康合作伙伴公司
金融机构	创业投资机构、对接伦敦金融中心的机构等

资料来源：根据公开资料整理。

二是区位优势明显，推动生物医药产业资源集聚。剑桥生物医学园区是英国生物医学产业较为集聚的区域，位于剑桥科技园内，距伦敦东 100 千米左右，有利于集聚优质的协同创新资源，园区物流服务完善，拥有专业的风险投资机构、会计师事务所和产业律师事务所。同时，园区融资环境优越，企业服务环境完善。园区每年可提供 5000 个就业岗位，吸引了众多科研人员加入园区以推动创新发展。

三是园区管理体制机制发挥重要作用。园区形成了剑桥丰富的研发资源，集聚了剑桥大学临床医学院、英国癌症研究中心剑桥研究所、Rosie 医院、葛兰素史克（GSK）临床研究部门、英国国家医疗服务体系（NHS）血液和移植研究中心等。园区在产学研协同发展、管理服务、政府引导等方面形成了良好的体制机制，促进园区生物医药产业协同创新发展，具体如表 4-3 所示。

表 4-3 剑桥生物医学园区管理体制机制成效

主要做法	成效
产学研协同发展	1. 医院作为临床实践基地支撑了医药企业的研发。生物医药企业 Abcam 把总部设在园区，可以得到很好的科研支撑等。 2. 医院临床尖端手术与研发机构强强联合，如皇家帕普沃斯医院在欧洲乃至全球率先成功开展系列器官移植手术，均得到了研究机构先进的实验条件和科研力量的支撑。 3. 研究中心得到医疗机构的有力支撑。剑桥癌症研究中心是世界知名的癌症检测治疗中心，与园区内医院、生物医药公司及大数据公司合作，利用计算机、大数据和人工智能，根据个人基因数据为患者提供最适合的治疗方案
园区管理机制完善	剑桥大学健康合作伙伴公司是园区的管理服务机构，建立了承担集成与转化工作的网络办公室，推动生命医学集群在网络内实现共享协助集群外部客户、政府与集群进行产学研合作
政府发挥重要作用	1. 在基础设施方面，政府将铁路修建到园区附近，同时解决科研人员的住房问题，吸引更多人才。 2. 政府吸引更多的资本投资科研和产业化项目，如由伦敦提出的医学城市计划，旨在将伦敦打造成全球生命科学产业中心，吸引更多的外国公司和资本

资料来源：根据公开资料整理。

二、亚洲生物医药协同创新经验

新加坡、日本、韩国等国较早布局发展生物医药行业，在生物医药产业发展过程中，国家层面战略支持、产业政策支持和产学研转化体系及完善的园区建设等方面形成了独特的经验，成为推动生物医药产业集聚及协同创新的重要因素。

（一）新加坡生物医药产业

自 1980 年起，新加坡将生物医药产业列为国家发展重点之一，2000 年在国家战略层面制定长期的生物医药产业规划。新加坡的生物医药快速发展，国家层面战略支持、产业政策支持和完善的产学研转化体系等是新加坡生物医药协同创新发展的重要因素，其做法可以为大湾区生物医药协同创新发展提供参考。

1. 战略支持，构建完善的体制机制①

一是明确顶层设计规划，突破阶段发展重点。2000 年，新加坡提出为期 15 年的生物医药科学激励计划，将生物医药产业发展分为三个阶段，即构建产业基础阶段、增强转化与临床研究能力阶段和扩大在经济与卫生领域的影响力阶段。2016—2020 年，新加坡政府在“RIE 2020”计划中将健康与生物医学领域作为战略领域之一，打造全球人类健康领导中心。二是组建产业领导机构，明确职责分工。2000 年 6 月，新加坡政府成立研究创新与企业委员会，下设生命科学执行委员会，由国际顶尖科学家组成国际咨询理事会，为产业发展提供指导方向。

2. 制定研发扶持、税收优惠等产业政策

一是实施研发扶持。新加坡每年在生物医学研发领域投入约 15 亿新加坡元，并额外拨款 37 亿新加坡元用于研发基础设施建设。2011—2015 年，新加坡政府共投入约 160 亿美元支持研发及创新企业发展。随着生物医药产业的发展，新加坡针对研发生态系统的投资也在不断增加。2021—2025 年，新加坡“研究、创新与企业 2025 计划”250 亿新加坡元的预算中，有近 26%投入四大战略领域，其中包括人类健康与潜力，支持产业研究、技术转化、人才培养、企业孵化、IP 授权、生产上市。

二是为生物医药企业提供税收优惠政策。根据相关规定，在新加坡设立国际或区域总部的生物医药企业，可享受低至 15%的企业税收优惠。按合格建筑物或构建物施工、改建或扩建的合格资本支出，为企业提供初期 25%免减税，以及其后每年 5%的免减税等政策。对跨国公司免除来自海外收入所得税，将专利使用费的预扣税降至 10%，企业所得税征收 17%②。

三是实行培育本土人才与引进外籍人才并举。新加坡推出“生命科学人力开发计划”，支持更多医药领域的人才开展研发工作。2008 年，政府成立专门人才引进机构，并制定薪酬、税收、住房补贴、子女入学补助、配偶工作、假期等多种支持政策。

---

① 方向阳．苏州打造生物医药产业地标的对策思考［Z］．江南论坛，2021-03-16.

② 黄国妍．促进在沪跨国公司总部能级提升的思路与对策［J］．科学发展，2022（11）.

3. 集聚全球知名药企

近年来，新加坡聚集了大量全球顶尖药企，主要包括葛兰素史克、默沙东、艾伯维、诺华、辉瑞、罗氏等①，这些企业在新加坡设立亚太地区总部，并投入大量资金在这里建立了大型制造工厂和研发中心。同时，国内的一些生物医药公司也在新加坡以建立生产、研发基地、商业总部或者收购等方式布局、谋划新业务。如 2022 年 3 月，新格元生物科技有限公司宣布收购新加坡的精准医疗公司 Proteona Pte. Ltd. 。2022 年 6 月，科兴集团计划投资 20 多亿新加坡元在新加坡设立科研设施和国际商业总部。2022 年 7 月，药明康德宣布计划在新加坡建立研发和生产基地（见表 4-4）。

表 4-4　近年来我国生物医药企业在新加坡的布局

时间	企业	布局内容
2022 年 2 月	金斯瑞	公司亚太地区新加坡生产研发基地正式投产，该基地拥有超过 30000 平方英尺的高度自动化蛋白生产和基因合成服务设备
2022 年 3 月	新格元生物科技有限公司	宣布收购新加坡的精准医疗公司 Proteona Pte. Ltd.
2022 年 6 月	科兴集团	在新加坡设立科研设施和国际商业总部 计划投资 20 多亿新加坡元（折合 100 亿元人民币）
	复星医药	控股子公司 Fosun Pharma Pte. 拟出资不超过 2. 18 亿新加坡元（折合 10. 54 亿元人民币），把新加坡规模最大的私立肿瘤专科医疗中心之一的 Onco Care 纳入麾下
2022 年 7 月	药明康德	宣布计划在新加坡建立研发和生产基地，并预计在未来 10 年累计投资 20 亿新加坡元（约合 14. 3 亿美元）用于新基地的建设

资料来源：动脉网 . 从 0 到 363 亿美元，“亚洲生物之城”的进阶之路［EB/OL］.［2021-03-15］. https：//www. jiemian. com/article/5806394. html.

在生物医药制造业方面，全球排名前十的制药公司有 8 家在新加坡设有工厂或生产基地，为制药厂和生物科技企业提供按需定制的制造基地。2021 年，新加坡生物医药制造业全年的总产值约为 160 亿美元，已经成为

① 36 氪出海 . 新加坡生物医药优势面面观［EB/OL］.［2022-04-15］. https：//letschuhai. com/singapore-biomedicine-asia.

新加坡经济增长的主要动力之一。

4. 临床研究与产学研转化独具优势

一是新加坡医疗机构众多，有助于开展临床研究。新加坡拥有公立、私立和民间团体三种医疗机构，分别提供医院治疗、基层医疗和中长期护理的医疗服务，科研资源丰富，为临床研究与产学研转化奠定了坚实的基础。新加坡医院和国家专业中心与一些世界顶级医疗机构、制药和医疗技术公司合作进行临床研究，不断地研发出新的疗法和治疗技术。

二是以亚洲临床研究和试验管理活动中心等吸引国际制药大企业。作为亚太经济合作组织药物临床试验质量管理规范协调中心秘书处，新加坡在发展亚洲良好临床规范中具有战略性地位，指导发起了培训临床研究人员等活动，并为亚洲的多站点临床试验创造了良好环境，在亚洲实施药物临床试验质量管理规范方面发挥重要作用。英国、美国、瑞士、法国等国家的制药大企业纷纷在新加坡设立区域临床试验中心。并且，新加坡出台了支持临床研究的政策，推动科研成果转化，激发产业创新研究活力。新加坡对临床研究的支持政策如表 4-5 所示。

表 4-5　新加坡对临床研究的支持政策

相关政策	举措
支持计划	新加坡通过各种计划来培养临床科学家，比如，新加坡转化研究者奖（STaR），目的在于招募和培养世界级的临床科学家，承担新加坡的转化和临床研究项目；临床科学家奖（CSA），旨在提供研究资金和工资辅助，从而协助医学研究人员专注于研究
转化与临床研究（TCR）旗舰计划	着重为研究人员和临床科学家提供平台，合作解决科学难题，并将研究成果转化成为质的医疗保健解决方案，每项授予 TCR 旗舰计划的项目将获得高达 2500 万新加坡元的 5 年预算
竞争性科研计划（CRP）	可为帮助发现新潜在战略性研究领域的研发项目提供支持，每个项目最高可获得高达 1000 万新加坡元的研发预算，为期 3~5 年
医疗服务研究竞争性研究资助（HSR-CRG）	新加坡卫生部于 2009 年设立的研究补助金，旨在帮助研究人员将研究成果转化为政策与实践。新加坡医疗保健和学术机构的主要研究人员均可申请该项补助，获得最高 100 万新加坡元的补助，有效期为 2 年

资料来源：根据公开资料整理。

5. 生物医药园区建设经验丰富

启奥生物医药园是新加坡生物医药产业的核心载体，园区于 2000 年筹建，位于新加坡纬壹科技城内，距新加坡主城区只有 20 分钟车程，交通便利，目标是发展成为世界级的生物医药科学研发中心、专业的生物医药国际会展会议中心、生命科学与生物产业的管理中心以及生命科学与生物产业的风险投资中心[①]。园区在推动协同创新方面积累了丰富的经验。

一是医药园发展目标与产业定位明确。启奥生物医药园的具体细分产业定位在生物医药研究与生产、医疗器械研发与制造、疾病研究等领域，涵盖研发、试验等环节。园区在空间范围、产业定位等方面的概况如表 4-6所示。

表 4-6　启奥生物医药园概况

项目	概况
空间范围	园区位于纬壹科技城内，建筑面积约 100 万平方米，占纬壹科技城面积的 10%，处于新加坡心脏地带，距新加坡主城区 20 分钟车程，交通便利，10 余栋商务办公楼群
产业定位	生物医药研究与生产、医疗器械研发与制造、疾病研究等领域，涉及产业涵盖研发、试验环节
企业情况	代表企业有葛兰素史克认知与神经变性疾病研究中心、诺华热带疾病研究院等
科研资源	邻近两大学府——新加坡国立大学和南洋理工大学。拥有癌症科学研究院，龙头企业如阿斯利康。并有新加坡科技研究局、卫生科学局、经济发展局生物医学科学组等政府管理部门
医疗资源	邻近新加坡的公立医院和医学院

资料来源：根据公开资料整理。

同时，启奥生物医药园的发展目标明确。医药园的目标是发展成为亚洲世界级的生物医药科学研发中心、专业的生物医药国际会展会议中心、生命科学与生物产业管理中心等，目前各目标正在加快实施中，具体进展情况如表 4-7 所示。

---

① 火石创造．新加坡生物医药产业发展研究［EB/OL］．中国医疗杂志，［2020-05-08］．https://www.priaideal.com/content/pid/176429/tid/1026.

表 4-7　启奥生物医药园发展目标

目标	进展情况
亚洲世界级的生物医药科学研发中心	已入驻企业包括葛兰素史克认知与神经变性疾病研究中心，诺华热带疾病研究院等
专业的生物医药国际会展会议中心	提供专业的会议室
生命科学与生物产业管理中心	已入驻管理部门包括新加坡科技研究局、生物医学研究理事会、科学技术研究理事会、生物伦理顾问委员会、经济发展局生物医学科学组、卫生科学局等
生命科学与生物产业的风险投资中心	入驻 Biopolis 主要风险投资公司，如 Bio-One 资本有限责任公司、生物风险投资中心有限责任公司等，同时也有众多国际及新加坡本土生物技术公司、制药公司、研究机构入驻或设立代表处

资料来源：根据公开资料整理。

二是注重产学研一体化，建立完善的产业孵化机制。医药园的产业孵化主要由政府主导，通过设立专门的产业转化协调组织，以政府产业基金引导投资，同时注重公共技术平台基础设施建设，带领园区不断提升内部能力。此外，新加坡政府还在启奥生物医药园内设立国家科学技术研究局，促进产业与学术研究之间的联系，开展对园区内产业项目进行认证、资金资助、园区资源协调等工作，帮助企业顺利落地。在创新资源方面，启奥生物医药园集中了 7 个生命科学领域研究院和重点实验室，有超过 2000 名研究人员。

高校是产学研深度融合的重要主体，园区邻近新加坡国立大学和南洋理工大学两所国际顶尖大学，校内技术和专利对商业化转化需求大。启奥生物医药园充分发挥技术交流分享平台作用，加速科研成果从研发到临床进一步商业化的进程，形成了从上游研发到下游开发的完整产业创新链。园区内公共技术平台拥有从临床研究、小试、中试到量产的全研发周期基础设备，涉及结构生物学、药物基础及科学、影像及其他支持、临床前试验四大类共 20 多项公共技术服务，以租赁形式提供给园区内的企业。启奥生物医药园科学布局，形成完整的产业链，发挥了科研成果对产业发展的积极推动作用。

（二）日本神户医疗产业园

日本神户医疗产业园（都市）位于神户港岛上，神户市 1999 年正式提出建设“医疗产业城”的设想，神户医疗产业园（都市）主体建筑于 2002 年落成。全岛片区总面积约 8.3 平方千米。产业园已成为当前日本最大的生物医药产业集群，也是日本首个观光医疗产业集群，在日本的国家战略中扮演着十分重要的角色。园区经过多年建设发展，在基础设施、产业配套等方面已经形成完善的体系。

1. 成立“协同组合”负责产业园的运营管理①

神户医疗产业园（都市）由日本中央政府、神户市政府和 20 家民间企业共同出资 102 亿日元成立，在实际运营管理中，政府极少参与，主要由产业园区的“协同组合”负责管理。“协同组合”的理事会是该园区最高管理机构。理事会成员分别由区内每家企业的理事长担任。另外，产业园还设有事务局。产业园通过自我管理的形式，大大节约了管理成本，推动了生物医药产业的发展。

2. 产业园汇聚高端创新资源

随着医疗产业的发展，神户港岛成为产城融合的新城，园区集聚了先进的医疗研究机构、高端专业医院、高校和企业，成为生物医药协同创新的重要支撑。神户医疗产业园（都市）集聚了神户市立医疗中心中央市民医院、神户大学医学院附属医院国际癌症医疗研究中心等各具特色的高等级医疗机构，形成了强大的医疗特区。截至 2022 年 4 月，神户医疗产业园（都市）已经聚集了 376 家企业和机构，约 11900 名员工。

3. 加强官产学结合，促进科技与产业共同发展

官民合作是日本生物医药企业推动协同创新的主要形式，在共同推进生物技术及其产业化的过程中发挥了重要作用。日本政府倡导和推进政府研究机构、民间企业、高校之间的交流合作，先后制定了研究交流促进

---

① 北京成长方略经济发展咨询有限公司．国际领先医疗产业园：日本神户医疗产业园区［EB/OL］．［2021-01-26］．http：//www.industim.com/chengzhang/show-5211.html.

法、前沿研究及地域流动研究制度等。推动官产学合作发展是产业园发展的有效路径，产业园积极推动科技研发成果产业孵化，以研发机构为主体进行生物制药创新研发，向产业链中下游拓展，推动非医疗类企业的转型，加强销售推广，促进生物医药全链条发展，提升了神户市的医疗水平，成为日本关西地区医疗集群的标杆园区。园区的学术与产业、基础研究与临床应用的发展相互促进，推动高技术产业加速发展。园区汇集了“FOUCUS 超级计算机”、高校计算科学领域的研究机构与企业，形成“研发—临床—产业化”的超级产业集群。产业园建立先进医疗中心、神户临床研究情报中心、研究开发基地，积极引进高端仪器，推动“基础研究—临床应用—产业化”的一体化发展，加快科研机构集聚，推动企业与科研机构形成良性互动。

4. 产业园配套环境完善

神户医疗产业园建有轻轨，与市中心、机场等交通便利，方便全球医疗消费人群。产业园内还设有中高层公寓、私人住宅和酒店、国际交流会馆、会展中心、国际展览馆、博物馆、体育中心以及餐厅、学校、公园等配套设施，满足了就医人员的多元化需求。神户医疗产业园不断完善工作、居住、娱乐环境设施，为研发人员、创业人员等高科技人才优化配套环境，并为高科技人员子女提供良好的教育环境，实现产城融合，协同发展。

（三）韩国大德创新特区

大德创新特区始建于 1973 年，位于韩国硅谷——大田广域市东部，距首尔 167 千米，是韩国最早也是最大的科技园区。大德创新特区已经形成生物技术产业集群，集聚了韩国国内超过 10%的理工科博士级研究人员和 23%的科研设施。韩国每年 35%的国家研发预算投入大德创新特区，代表了韩国科技创新的最高水平。其生物医药协同创新发展的经验主要体现在以下几个方面。

一是推行研究型公司制度，培育研究型公司。2005 年，通过颁布《大德创新特区建设特别法》，提出研究型公司制度，培育了多家研究型公司，研究型公司重点对原子能研究院的抗癌专利技术、纳米技术进行药物和化妆品的产业化，其产品已拓展至美国、日本、中国、越南等国家市场。例如太阳生物技术公司，是一家健康补品、化妆品与新材料研发企业，由韩国科玛株式会社与韩国原子能研究院合作成立。科玛目前是韩国最大的功能性化妆品公司，也是全球最大的化妆品原始设计商。

研究型公司将先进的研发成果与私人资本及运营有效地结合起来，由私有企业将其20%以上的资本投资推动公共研发机构新技术的产业化，公共研发机构与研究型公司构成创新导向的合作网络，持续为企业提供研发和人力资源支持，在合作过程中，研究型公司的成立流程包括六个环节，如表4-8所示。

表4-8　研究型公司成立的流程

环节	事　项
1	由研究机构、技术服务中介和大德管理办公室联合识别和选择可产业化的新技术成果
2	提出成立研究型公司的可行性分析报告
3	寻找和选择进行联合投资的私人企业
4	签署成立研究型公司的基本协议/技术评估协议
5	企业与研究机构达成合作合同草案
6	制订研究型公司成立计划，最终注册成立新公司

资料来源：根据公开资料整理。

研究型公司制度有利于新技术的产业化运营，促进创新型企业的创建，整合投资企业、研究机构、新办企业之间在资本、人才、管理、研发、市场等主体的协同创新资源，提供了促进科技研发、产品转化、市场运营一体化的长效机制。

二是促进国内外科研力量协同创新。大德创新特区通过促进国内的优秀企业、大学、研究机构在创新特区与海外研究中心开展联合项目，加大协同创新力度，积极引进研发中心和其他研究机构，在大德创新特区共享世界一流技术，并对其进行产业化。例如，园区主导与著名的智能卫星解决方案供应商诺赛特国际、生物电传感高技术企业神念科技等众多外国企业建立了近20家国际化的高水平联合研发中心。

三是与全球著名科学（技）园开展协同创新。大德创新特区已同15个海外研发创新集群结为协同关系，包括英国的曼彻斯特科学园、法国的索菲亚-安提波利斯科技园、中国的中关村科技园等，结合不同园区的优势，进行有针对性的合作与交流。如与索菲亚-安提波利斯科技园进行信息技术、生命科学等领域的教育与培训合作、技术转让、研发合作以及科学/经济交流，双方还建立了研讨会制度，互相提供可供转让的技术清单等，进一步便利双方企业到各自园区内投资，促进了大德创新特区的全球化协同创新进程。

三、国内生物医药协同创新经验

上海、北京、苏州等地区具有生物医药科研基础扎实、医疗资源丰富、国际化程度高等优势，产业体系完备，在生物医药产业政策、科研创新、人才集聚、园区建设等方面积累了丰富的经验，为区域的协同创新发展奠定了坚实的基础。

（一）上海张江科学城

一是前瞻布局生物医药产业发展。1992年，上海张江地区开始前瞻性地布局生物医药，经过多年发展，张江已成为生物医药领域研发机构集中、创新实力强的创新高地。张江积极构建浦东生物医药新格局，以张江药谷地区为创新源头，建立张江医学园（张江细胞与基因产业园）、张江创新药产业基地、张江医疗器械产业基地、张江总部园、张江民营经济总部园5个特色园，加快形成带动全市、辐射长三角的协同发展格局。

二是张江生物医药产业注重创新发展，提升核心竞争力。张江地区集聚了中国科学院药物所、国家新药安评中心、张江药物实验室等30多家重点科技企业。已建或拟建的生物医药相关大企业开放创新中心包括罗氏中国加速器、默克-张江AI医疗创新实验室等。2022年，张江地区集聚1400余家生物医药创新主体，全球医药10强有7家入驻张江。中国医药工业百强企业，约有1/3将研发布局在张江。

在中国生物技术发展中心发布的“2021年国家生物医药综合竞争力前10强”中，张江高新技术产业开发区排在第三位。2022年，张江生物医药领域在研创新品种超过600种，进入临床Ⅱ、Ⅲ期产品超过60个，其中绝大部分来自张江药谷。张江药谷在细胞产业领域处于领先地位，全国批准的细胞药物临床试验项目中，16项来自张江，约占上海临床试验项目总数的2/3、全国临床试验项目总数的1/3①。

三是生物医药服务能级较强。研发服务外包是衡量产业创新研发能力的重要指标，也是做强研发的重要抓手。张江药谷是全国生物医药专业研发服务外包机构集聚度最高的重要地区之一。张江药谷集聚了大量的研发药企、合同研究组织/合同研发生产组织和公共技术平台等服务资源，以及完善的生物医药创新生态体系。同时，张江积极提升检测分析，药代、药效评价，病理分析评价，质量评价等领域的公共技术服务平台建设，形成了较为完备的产业链，极大地降低了创新的综合成本，加快推动生物医药产业的集聚发展。

四是领军人才及团队带动创新，推动创新企业成功上市。张江生物产业园区积极引进生物医药领域的领军人物。例如，华领医药创始人陈力，1992年获得化学博士学位后，加盟罗氏在美国新泽西的研发中心，2004年回国建立罗氏（中国）研发中心，2010年离开罗氏，创办华领医药，2018年4月，港交所推出IPO新政策，允许尚未盈利的生物科技公司赴港上市，华领医药实现成功上市。再如，杜莹是再鼎医药创始人、董事长兼首席执行官，美国辛辛那提大学生物化学博士。2002年，杜莹创立和记黄埔医药（上海）有限公司并担任公司总裁及首席执行官，于2006年联合创立了和黄中国医药，参与主导其在英国上市。生物医药的领军人才在上海张江的产业快速发展中发挥了重要的作用。

五是建立高水平科研机构。21世纪初，上海市实施“1035”计划，目标是“自主创新10个药品、搭建5个药物筛选平台、5个药物安全评价中

---

① 张江生物医药园区 你不能错过的标杆案例［EB/OL］.［2022-03-10］. 方升研究公司，http://www.cipc-annual.org.cn/cipc/service/detail? type=article&id=20220314134445098l898.

心以及5个药物临床研究中心”。一大批科研机构和重点企业陆续入驻张江，中国科学院上海药物所、复旦大学药学院、上海中医药大学、上药集团研究院、上海医药工业研究院等相关单位也向张江集聚。第一个国家级新药筛选中心、第一个国家级药物安全性评价中心在张江建立。药物代谢中心、国家制剂工程研究中心、中医药现代化研究中心、上海中医药标准化中心等一系列研究中心逐步构建起我国药物创新平台的机制体系，缩小了和国际先进技术的差距。跨国药企前10强中有8家的中国或亚太研发中心及总部在张江布局。中国医药工业百强企业中有11家的研发环节在张江布局①。

（二）北京大兴生物医药产业基地

北京亦庄生物医药园位于北京经济技术开发区路东区，占地面积8.67万平方米。北京亦庄生物医药园是开发区生物医药公共服务平台的核心载体，也是北京市战略性新兴产业科技成果转化基地。基地协同创新的经验具体体现在以下几个方面。

一是基地集聚了国家级生物医药研究机构及创新企业。截至2021年，基地入驻企业已达4000余家，聚集了中国食品药品检定研究院、中国医学科学院病原所、生物所、中国中医科学院屠呦呦青蒿素研究中心等国家级研发机构，引进了科兴中维、费森尤斯卡比、北京同仁堂、中关村发展集团医疗器械园等重大医药项目，形成了以医药研发及检验为主导板块，现代中药、创新化药、医疗器械、生物制药为主体板块的产业格局②。据不完全统计，截至2023年，区域内有上市企业3家、高新技术企业170多家；药物和医疗器械细分领域，小分子药物企业10多家、CGT企业10多家、医疗器械企业90多家。

二是实现“AI+智慧医疗”融合发展。基地积极推动医联网、药联网、健康信息服务、远程医疗服务、健康大数据发展，推动入驻企业向数字

---

① 胡明东．生物医药大时代［M］．北京：社会科学文献出版社，2019.

② 人民网．大兴生物医药产业基地持续打造“中国药谷院士专家大讲堂”学术交流品牌［EB/OL］．［2021-03-20］．http：//bj.people.com.cn/n2/2021/0330/c14540-34649269.html.

化、智能化升级，向电子信息、云计算等领域的先进技术发展，加快实现新一代信息技术与医药健康融合发展。目前，基地通过开展基于5G应用的生产及研发活动，支持企业开展新技术、新产品、新模式的应用场景建设（见表4-9），不断提升基地“AI+智慧医疗”的水平，推动了数字经济和医药健康产业的协同发展，优化了生命健康全产业链布局。

表4-9 大兴生物医药基地AI应用场景

企业	应用场景
科兴中维	构建了信息化管理系统，生产的国内使用的新冠灭活疫苗，包装盒上有专属追溯码，可实现疫苗从生产、流通到接种的全程追溯
热景生物	构建了以磁微粒化学发光技术、糖捕获技术、基因重组与单克隆抗体技术为核心的研发技术平台，开发了一系列的体外诊断试剂及仪器，实现了免疫诊断平台在全诊断场景领域的应用
华科精准	自主研发的神经外科手术计划软件在多模态影像数据处理、分割融合等关键技术方面达到国际领先水平，获准进入国家创新医疗器械特别审查程序
诚益通	运用数字化手段，帮助生物制药企业实现数字化转型，成为国内领先的生物、制药行业智能制造系统整体解决方案供应商，康复设备、康复辅具研发制造、康复养老专业技术服务提供商

资料来源：根据公开资料整理。

三是基地由传统园区向产城融合城市微中心转变。基地逐步叠加复合型的城市功能，构建“产城融合、宜居宜业、职住平衡”的发展格局。基地投入了10亿元资金用于基础设施建设，推动与四大运营商开展“5G+智慧园区”战略合作，加强顶层设计，完善园区生活、服务配套功能，优化城市体验，细化城市功能配置，构建区域慢行系统，打造综合性轨道微中心和城市微中心，提升园区居住品质。

（三）苏州工业园

生物医药是苏州工业园重点培育的战略性新兴产业，经过多年发展，生物医药产业综合竞争力在全国211个园区中处于领先地位。2023年2月，根据科技部火炬中心公示的2022年创新型产业集群名单，苏州工业园生物药品制品制造创新型产业集群获批国家级创新型产业集群。苏州工业园生物医药协同创新的经验具体体现在以下几个方面。

一是制定政策大力培育、发展生物医药产业①。近年来，苏州陆续出台相关政策文件，颁布了《关于加快推进苏州市生物医药产业集聚发展的指导意见》《关于加快推进苏州市生物医药产业高质量发展的若干措施》（苏府办〔2019〕69号）等，从人才引进、创新环境、科技投入等方面培育发展生物医药产业，形成了实力强劲的战略性新兴产业集群，推动了生物医药产业高质量发展。2020年4月，苏州市颁布了《全力打造苏州市生物医药及健康产业地标实施方案（2020—2030年）》（苏委发〔2020〕15号），提出要将苏州生物医药产业打造成为国内外一流的产业标杆。

二是形成了极具创新活力的生物医药产业生态圈。苏州工业园区生物医药产业在全国处于领先地位，初步形成了具有创新活力的生物医药产业生态圈。截至2023年2月，园区已集聚各类生物医药企业超2200家，产业产值超1300亿元。港交所上市企业数量、近3年新获批1类新药临床批件数量、顶尖人才数量等指标均占全国20%以上。生物医药及高端医疗器械集群入选工信部先进制造业集群名单，生物药品制品制造创新型产业集群获批国家级创新型产业集群，产业创新集群加速建设（见表4-10）。

表4-10　苏州生物医药产业协同创新成就列举

类别	成就
产业链	在医药制造领域，苏州形成了从目标筛选、确认，化合物筛选到制剂生产的全产业链
医疗器械	建立了医学影像、康复设备、体外诊断和医用材料的产业链
技术创新	创新成果突出，是国内重要的创新基地，具有生物医药产业创新的良好氛围
产业布局	形成了以工业园区为核心，其他各区（高新、吴中、太仓、昆山等）共同发展的产业结构，建立了生物医药体系，完成了“1+N”生物医药布局

资料来源：根据公开资料整理。

三是大力推动生物医药创新发展。截至2023年2月，在新药研发领域，园区累计1类新药临床批件超500张，已上市新药22个，纳入国家医保17款；医疗器械领域，园区已取得医疗器械注册证超1300张，累计

① 王韵琪，邓建平．推进苏州打造中国生物医药产业地标的调查与思考［J］．医疗科技，2022(8)．

24 个产品进入国家医疗器械创新产品审批“绿色通道”；生物技术及新型疗法领域，园区已集聚超 100 家相关企业，在细胞治疗、生物芯片、基因测序与合成等前沿领域具有领先优势，位于世界先进水平①。

四是生物医药企业及高端人才集聚发展。苏州工业园瞄准世界 500 强和全球行业领军企业，近 3 年每年引进生物医药项目超 300 个，生物医药独角兽（准）企业 61 家，累计上市企业 24 家，40 余家企业已进入上市梯队，上市入库培育企业超 100 家。在生物医药高端人才方面，通过园区科技领军人才计划，自 2007 年起，苏州工业园区启动实施科技领军人才计划，聚集了中外院士团队、国家级人才工程入选者、各级领军人才等，此后，伴随着“人才新政 30 条”“生物医药产业专项人才政策”等政策陆续出台，苏州工业园逐渐构建起完善的人才培养体系，为生物医药的发展提供了人才保障。截至 2022 年，苏州生物医药产业园已聚集 550 余家生物医药高科技创新企业、近 35000 名高层次科技人才②，成为园区协同创新的重要保障。同时，园区聚集了一批世界一流的科学家和团队。例如，美国哈佛大学终身教授、美国艺术和科学院院士、美国科学促进会会士、美国科学院新晋院士、中组部第一批“顶尖千人”袁钧瑛，中国科学院院士、美国科学院院士王晓东，美国三院院士、哈佛大学教授谢晓亮，英国皇家工程院院士、牛津大学教授崔占峰，美国三院院士、哈佛大学工学院教授 David Weitz 等③。

---

① 苏州工业园区管理委员会 . 苏州工业园区生物药品制品制造创新型产业集群成功获批国家级［EB/OL］. 苏州人民政府，［2023-02-17］. http：//www. suzhou. gov. cn/lwlbzl/bxgc/202302/12621b7218204fcb88efc5993f92a653. shtml.

② 中国组织人事报新闻网 . 苏州工业园区：破解一流领军人才引聚难［EB/OL］. https：//www. zuzhirenshi. com/detailpage/3c9cbc8e-908a-4cc8-abc7-a30f28aea7a9.

③ 胡明东 . 生物医药大时代［M］. 北京：社会科学文献出版社，2019.

第五章

粤港澳大湾区生物医药协同创新的策略与路径

生物医药与健康产业是奥港澳大湾区经济高质量发展的重要引擎，现阶段，大湾区生物医药协同创新迎来区域发展的重大机遇。《粤港澳大湾区发展规划纲要》是区域合作的纲领性文件，提出要培育壮大战略性新兴产业，依托香港、澳门、广州、深圳等中心城市的科研资源优势和高新技术产业，在蛋白类等生物医药、高端医学诊疗设备、基因检测、现代中药等重点领域培育一批重大产业项目。大湾区应通过各个城市之间优势互补，明确大湾区生物医药协同创新的策略，率先探索出区域协同创新的新路径，为大湾区高质量发展发挥示范、引领作用。

一、粤港澳大湾区生物医药协同创新的策略

如前所述，协同创新是粤港澳大湾区生物医药发展的重中之重，是区域产业合作深化、要素流动更加紧密的必然选择，需要重点考虑大湾区生物医药协同创新的重要影响因素，由此确定大湾区生物医药协同创新的总体思路与基本策略。

（一）粤港澳大湾区生物医药协同创新的总体思路

结合上述分析，大湾区生物医药协同创新发展的总体思路主要可体现为，以产业协同创新能力提升为导向，发挥企业、高校、科研机构等生物医药的创新主体的协同效应，推动大湾区生物医药协同创新发展，加强各主体之间的合作，加快产学研融合发展，推动扩大大湾区生物医药产业规模，增强集聚效应，优化产业结构，培育龙头企业，提升产业创新能力，完善支撑服务体系，优化产业发展生态，提高国际合作水平，实现生物医药产业规模、集聚效应、创新能力领先国内外，体制机制、服务体系与国

际接轨，形成粤港澳大湾区万亿元级产业集群，建成具有国际影响力的生物医药产业高地。

在推动各主体协同创新方面，加强各主体之间的合作，加快产学研融合发展，建立激发各主体的利益共享机制，鼓励高校、科研机构、医院、行业组织、企业、投融资机构以及相关从业人员等主体获得收益，支持龙头企业、高校院所、医疗机构和创投基金等共建产学研医投紧密结合的创新联合体，以重大科研项目、重大公共平台建设等合作形式，不断促进各主体在大湾区生物医药协同创新中有序发展。

在推动产业链协同创新方面，扩大生物医药产业规模，从研发、临床、制造、技改、应用等全产业链各环节推动创新，发挥龙头企业的引领带动作用，构建创新链、供应链、产业链共同发展的良好生态，促进上中下游产业链融通创新、协同发展，支持生物医药与健康企业加大研发投入，加强企业研发机构建设，推动医药健康创新成果快速转移转化并促进产业转型升级。做大做强生物医药与健康龙头骨干企业和创新型企业，不断壮大集群企业队伍，构建线上线下相结合的大中小企业创新协同、产能共享、产业链供应链互通的新型产业生态。

在提升科技创新能力方面，促进生物医药创新链产业链资金链人才链深度融合，聚焦生物医药前沿发展领域，支持基础性技术攻关，加大基础研究、应用基础研究、前沿技术开发力度，创新要素跨境自由有序流动，率先融入全球创新网络，提升生物医药与健康产业集群价值，打造粤港澳大湾区国际科技创新中心的重要极点，加快大湾区高质量发展。

在推动生物医药区域协同创新方面，发挥珠江两岸生物医药协同创新资源的高效整合作用，充分利用大湾区各个城市生物医药的优势互补，结合各市的发展特色，在更大范围内整合资源，促进区域之间的深度合作，推动重大项目协同创新，促进大湾区生物医药协同创新发展。优化大湾区生物医药协同创新服务体系，构建合同研发生产、产业中试、临床研究等公共服务平台，完善协同创新的科研服务。

（二）粤港澳大湾区生物医药协同创新的基本策略

为更好地了解大湾区生物医药协同创新发展的影响因素，从而明确协同创新发展的基本策略，笔者于 2022 年对粤港澳大湾区生物医药领域 42 名专家进行访谈及开展问卷调查，其中 30%是高校学者，20%是企业人员，40%是医院专家，7%是政府部门人员，3%是研究机构人员。根据问卷调查结果，粤港澳大湾区生物医药协同创新的重要影响因素中，技术创新协同排在首位，得 5.36 分，表明技术协同创新的重要性，其次是政策协同因素，得 5.26 分，与技术创新协同因素差距不大，表明政策协同具有指导性、战略性，同样是大湾区生物医药协同创新的关键影响因素。成果转化协同、合作机制协同、要素流动协同、服务体系协同分列第三至第六位（见表 5-1）。

表 5-1　影响粤港澳大湾区生物医药协同创新的重要因素得分

序号	选项	综合得分
1	技术创新协同	5.36
2	政策协同	5.26
3	成果转化协同	4.29
4	合作机制协同	3.55
5	要素流动协同	2.62
6	服务体系协同	2.05
7	其他因素：请列举	0.1

资料来源：根据调查问卷结果整理。

由此，结合调研、访谈等，将以上因素总结为六大协同，作为大湾区生物医药协同创新的基本策略。

一是坚持技术应用的协同创新。推动大湾区生物医药技术应用的协同创新。支持各个企业研发能力形成专利能力、开发产品能力、建立质量标准能力以及中试放大能力等方面的合作创新，使企业更好地开发新技术，推动各个创新主体的技术融合创新，包括研发投入合作、基础研究合作、临床 CRO 机构合作、科研院所合作等。

二是坚持政策协同创新。支持大湾区各地政府在政策层面达成共识，制定专项规划，明确各市发展侧重点，避免资源重复投入，强化政策协同，促进优质创新要素的跨区域流动，确保人才、技术、资金、空间、市场等创新要素到位。

三是坚持科技成果转化的协同创新。推动大湾区生物医药科技成果转化的协同创新。鼓励大湾区内生物医药企业、科研机构等对科研与技术开发具有实用价值的科技成果进行试验、开发、应用、推广等，形成新产品、新工艺、新材料等，在技术中介合作、成果转化收益分配、成果转化交易平台合作等方面创新体制机制。

四是坚持重大平台建设的协同创新。推动大湾区生物医药协同创新的重大平台建设。率先以广州科学城生物产业基地、深圳坪山国家生物产业基地，以及粤澳合作中医药科技产业园等为大湾区生物医药的重要载体，争取创新举措先行先试，取得实践成功经验后，推广至大湾区其他生物医药合作平台。

五是坚持要素流动的协同创新。加大资源整合力度，加强大湾区生物医药协同创新的要素流动。推动区域内的发展要素在区内和区域之间的流动，包括科研人员流动、样品流动、科研数据流动、国际药品、医疗器械通关、资本流动等。

六是坚持服务体系的协同创新。推动大湾区生物医药服务体系的协同创新，提升区域内不同政府、企业等对生物医药协同创新的服务水平，共建一站式服务平台、协同技术创新服务平台等，推动生物医药产业链全球联合招商，提供生物医药环保服务，为生物医药协同创新提供更好的生态环境。

二、粤港澳大湾区生物医药协同创新的主导路径

在粤港澳大湾区建设纵深推进的背景下，大湾区生物医药协同创新迎来了新的发展机遇。粤港澳三地必须抢抓机遇，明确大湾区生物医药协同创新的主导路径，争取在全球生物医药发展的综合实力对比中抢占先机，领先国内外，形成技术水平领先、产业实力雄厚、区域协调顺畅、制度体系完善的发展新格局。

（一）制定粤港澳大湾区生物医药协同创新发展蓝图

制定区域性的发展蓝图，是大湾区生物医药协同创新发展的重要基础

与依据，通过统筹发展，明确清晰的发展方向及重点策略，有助于为大湾区生物医药协同创新的战略部署、实施路径提供重要的依据和指引。

1. 共同制定发展蓝图面临的制约因素

现阶段，大湾区生物医药协同创新缺乏专项的系统性规划及发展蓝图，各项政策以扶持生物医药重点实验室、重大技术平台以及配套基础设施等硬件设施建设为重点，而涉及管理体制、激励机制等软环境的相对较少，缺乏相关的针对性实施细则；并且，各种类型的生物医药服务职能分散，涉及多个部门，管理缺乏系统性、配套性。如对科技中介服务业的收费标准、科技中介服务从业人员的资格认定等缺乏明确的实施细则。

在大湾区九市层面，各市在“十四五”规划中也积极推进生物医药产业发展，深圳、广州、佛山、东莞等GDP过万亿元的城市均大力部署发展生物医药与健康产业。大湾区九市都涉及生物医药发展领域，容易出现资源分散、重复投入、无序竞争等现象，从各市的规划看，存在一定的重叠性，如广州以发展壮大生物药、现代中药、化学创新药、高端医疗器械、高端康养产业为重点，深圳重点支持化学创新药（包括细胞治疗药物）、基因治疗药物、基因检测设备、生物安全防护、现代中药、古代经典名方中药制剂、先进制药设备以及数字化医疗等领域，两者在某些细分领域仍存在重叠交叉。

由于各市缺乏区域协同的顶层规划，各地园区缺乏产业定位、发展方向和发展模式的明确区分，缺乏市一级层面的协同布局，与周边区域之间在招商引资、引进人才方面低水平重复投入，导致无序竞争；并且，缺乏区域协同的创新资源，本地创新链资源供给不足，各市区域之间各类研发、生产、销售等服务机构资源未能有效协同，创新要素联系不够，影响创新资源在专利、科技成果转化率等层面的绩效水平。

除了各市之间的竞争，市内各区之间也存在竞争。如深圳在南山、龙华、光明、坪山提出要建立高端医疗器械产业集群，在南山、龙岗、福田、光明、坪山、大鹏布局建设生物医药产业集群，在宝安、罗湖、坪山、盐田、大鹏提出建设大健康产业集群（见表5-2），因此，市内各区之间的竞争难以避免，如果没有在规划层面进行适当的引导，将容易导致资源的重复投入。又如，相邻的松山湖与光明科学城，也都在政策文件中布局了生物医药产业。《深圳光明科学城总体发展规划（2020—2035 年）》提出，在生命领域，聚焦生物产业创新发展需求，重点发展合成生物学、脑与认知科学、精准医学等细分领域，开展从微生物到灵长类再到人类生命的研究，形成全链条、全尺度的生命解析体系。《松山湖科学城发展总体规划（2021—2035 年）》提出，重点支持发展新一代信息技术、生物、新材料七大产业集群。松山湖与光明科学城相距仅 20 千米左右，发展的重点产业均包括生物医药，需要在细分领域进一步错位发展，避免恶性竞争。

表 5-2　深圳市医疗器械、生物医药及大健康产业集群区域布局

集群名称	宝安	南山	龙华	龙岗	福田	罗湖	光明	坪山	深汕	前海	盐田	大鹏
高端医疗器械产业集群		●	●				●	●				
生物医药产业集群		●		●	●		●	●				●
大健康产业集群	●					●		●			●	●

资料来源：根据公开资料整理。

更值得注意的是，港澳与大湾区内地城市由于制度差异大，达成规划上的共识更具有挑战性，目前，虽然香港与内地在民间有共同推进生物医药协同创新发展的意愿，但是在官方层面仍然缺乏较为明确的产业发展蓝图，这不利于高效推动港澳与内地生物医药的协同创新发展。因此，提前布局大湾区生物医药协同创新的发展蓝图，明细各市、各区的发展定位，有助于生物医药产业集群的形成与集聚，进而发挥规模效应。

近年来，大湾区内地城市在生物医药领域注重与港澳合作，在专项规划上也表现出较强的合作意愿。例如，在河套深港科技创新合作区，深港携手出台了联合政策包，在发展目标、深港协同支持科研项目、深港联合支持科研人才、深港联合完善配套支持措施、支持创新要素在深港两地便利流动等方面联合出台支持政策，如表 5-3 所示。

表 5-3　河套深港科技创新合作区联合政策包主要内容

类别	具体举措
发展目标	在粤港澳大湾区发展战略下，充分发挥香港和深圳的优势，强化深港合作，推动由“港深创新及科技园”和“深方科创园区”共同组成的河套深港科技创新合作区“一区两园”协同发展
深港协同支持科研项目	深港双方以“深港澳科技计划”之下的A类深港联合资助项目（深方名称）/“粤港科技合作资助计划”之下的丙二类深港联合资助项目（港方名称）为基础协同支持科研项目，深方可同时参照《河套深港科技创新合作区深圳园区科研及创新创业若干支持措施》（以下简称《支持措施》）给予支持。深港两地申请单位就同一合作项目分别向深港双方相关负责机构递交申请，深港双方各自评审后，获双方同时支持的申请可予以立项，港方参照“粤港科技合作资助计划”，深方参照“深港澳科技计划”、《支持措施》及其配套文件，分别通过各自方式给予资助。同步建立深港联合资助项目库，共享获资助项目的资讯
深港联合支持科研人才	深港双方均设有吸引科研人才的计划，例如，深方《支持措施》中的“青年科学家培养计划”“尖端科学家奖励计划”，以及港方的“科技人才入境计划”“优秀人才入境计划”等，深港双方按照各自现有计划联合支持科研人才，同时深港双方将进一步研究合作区紧缺人才及岗位，按照实际需求循相应渠道为符合要求的人才提供资金、住房、办公场地、配套服务等便利化支持措施，并共享相关资讯
深港联合完善配套支持措施	生物医药研发：依托香港生物医药研发资源、香港大学深圳医院转化医学研究中心，在深圳园区开展生物医药科研活动，加强跨境医疗科研合作，鼓励深港参与国际多中心临床试验。 医疗服务：在深圳园区引入香港高端医疗服务机构，按照“中央十六条惠港惠澳政策”以及《粤港澳大湾区药品医疗器械监管创新发展工作方案》，在专业部门指导、风险可控的前提下，试点允许在深圳园区符合要求的指定医疗机构使用临床急需、已在香港注册的药物和香港公立医院已采购使用、具有临床应用先进性的医疗仪器
支持创新要素在深港两地便利流动	推动在合作区为符合深圳市认定的外籍“高精尖缺”人才办理R字签证，探索优化外国人来华工作许可和工作类居留许可审批流程。 推动简化科研样本、实验试剂和遗传资源出入境。探索对出入境的人体组织、血液等科研样本、实验室试剂实施风险分类分级管理，优化风险评估和检疫审批流程，在保证生物安全的前提下，对低风险特殊物品给予通关便利。 支持园区内科创企业多渠道赴港融资，支持企业赴港开展并购业务享受香港金融服务。 推进深港在人工智能和数据分析方面的发展和合作，探索促进数据跨境安全流动

资料来源：根据公开资料整理。

2. 完善生物医药协同创新顶层设计的协同创新

一是制定粤港澳大湾区生物医药发展蓝图。明确大湾区生物医药发展重点，联合实施有针对性的政策及配套措施。对大湾区各市划分差异化的生物医药细分领域的发展重点，避免重复投入、恶性竞争。支持构建粤港澳大湾区区域性产业链协同体系，建立完善“研发、试产、中试、高附加值产品核心工厂+分工厂规模化生产”的协同创新分工体系，强化香港、澳门、广州、深圳等地区在区域产业链协同中的示范带动作用。围绕生物医药协同创新分工定位，加强关键核心技术平台、共性技术平台建设，优化质量基础设施体系、综合服务体系、生产配套支撑体系。

二是消除制度障碍，进一步推动法律体系、行业规范等的衔接。香港、澳门拥有国际领先的生物医药研究水平和信誉良好的优质医疗服务体系，而大湾区内地各城市产业基础雄厚，优势互补，是协同创新的充分必要条件。要推动港澳和内地的规则衔接，积极推动生物医药相关制度改革，促进粤港澳三地生物医药人才、资源、设施等科研要素的流通，持续释放生物医药发展动能，构建粤港澳三地生物医药产业协同发展的良性格局。

三是探索实施开放的生物医药协同创新政策。积极向中央争取更加开放、更加创新的改革试点政策，为大湾区生物医药的基础研究、成果转化与产业发展制定更为系统、全面的协同创新政策。降低港澳医疗机构在内地发展的市场准入门槛，授权大湾区内地城市审批港澳服务提供者办医权限，鼓励临床经验丰富的境外生物医药专业人员到大湾区内地执业，放宽执业范围的限定。在大湾区内地城市更多指定医疗机构使用临床急需、已在港澳上市的药品和临床急需、港澳公立医院已采购使用、具有临床应用先进性的医疗器械。制定生物医药产品应用扶持政策，优化大湾区医保支持目录，在符合国家医保目录有关要求的前提下，对在大湾区转移转化形成并且符合国家科技重大专项成果的创新药物，纳入医药集中采购服务平台采购目录。为创新药物、医疗器械和疗法临床试验进行伦理审查，推动大湾区伦理审查结果和临床试验标准互认。

四是成立生物医药专家咨询委员会。充分利用香港的生物医药人才优势，与大湾区内地城市联合建立专家咨询委员会。专家咨询委员会负责为生物医药领域提供发展政策咨询，在创新药和医疗器械评审环节提出咨询建议。成立粤港澳生物医药专责小组，负责协调大湾区生物医药协同创新的各种事项，加强专责小组对生物医药跨境规则衔接、机制对接，建设进度及重大项目的统筹力度，确保大湾区生物医药协同创新发展。同时，根据生物医药产业链不同环节建立工作专班，细化粤港澳生物医药协同创新的基层对接工作，建立常态化汇报和沟通机制，使沟通更加顺畅和高效。

（二）打造创新链深度融合的现代化创新生态体系

打造现代化创新生态体系是大湾区生物医药协同创新的题中之义，是实现高水平自立自强的重要路径，有助于为大湾区生物医药产业适应新形势、解决新问题、应对新挑战提供良好的生态环境，为大湾区生物医药拓展新领域新赛道、提升新动能提供新思路、新路径。

1. 大湾区生物医药协同创新面临的挑战

一是大湾区生物医药创新药相对较少。据统计，2021 年全国有 27 个Ⅰ类创新药获批，广东省有 1 个。在 12 个中药创新药中，广东省有 2 个[①]。2021 年，长三角区域获批Ⅰ类创新药 20 个，其中上海市获批 8 个，居全国第二。与其他先进地区相比，大湾区的创新药研发能力有待进一步提升。

二是原料药等产业配套能力有待提升。目前，江苏和上海、浙江等省市紧密合作，已经形成产业协同效应。特别是浙江省的原料药出口经过多年积累，个别原料药产品已在全球具备成本优势。而大湾区还没有建立良好的原料药基础。由于历史原因，大湾区的企业大部分在医药流通改革前生存状况很好，目前再布局原料药方面的动力不足。大湾区邻近的省份如福建也尚未大力发展原料药进出口贸易。现阶段，大湾区内的原料药企业

---

① 中国健康传媒集团 . 2022 年大湾区生物医药产业发展报告［M］. 北京：中国医药科技出版社，2023.

较少，而能从事创新药原料外包服务的企业更少，许多大湾区的生物技术公司在早期涉及合成优化阶段只能到上海、浙江、北京等地寻找技术合作，使得创新药研发及相关技术、产品效益等都在其他区域落地，不利于大湾区的创新发展。

三是创新链条待完善，研发能力不强。创新药研发链条分为药物发现①、临床前研究、临床试验、新药上市等几个环节，大湾区在药物发现中对靶点选择、疾病选择，化合物的设计、先导化合物的筛选与优化等方面研究能力比较弱，缺乏领军人才和顶尖科学家，基础研究与转化能力较弱；医药研发多集中在药物研发临床前研究评价领域，在化合物合成筛选、药代动力学、原料药研究、临床研究、政策法规咨询和注册报批等细分领域总体实力较弱，与国内药企药明康德、康龙化成、凯莱茵、博腾等相比，大湾区生物医药公司的创新链条与研发能力还存在一定的差距。

四是区域创新网络效能不足。广州与深圳之间的创新合作最强，广州与东莞、广州与佛山次之，但深圳对周边的辐射带动作用有限，佛山、东莞也无法高效带动区域创新的网络化发展，致使目前大湾区的整体创新网络效能不高。此外，以高新区为代表的产业园区大多地理位置偏远、功能配置欠缺，居住、商业、文娱等相关配套功能不足，也未形成与周边城镇的融合发展，难以吸引、留住创新生物医药人才和创新型企业。

五是企业经营成本上升，部分选择向其他区域转移。现阶段，大湾区已经高度重视生物医药的创新发展，但是与长三角及新加坡等国内外发达地区相比，大湾区的区域协同创新生态体系仍有待完善。在自身区域竞争力相对薄弱的情况下，大湾区一些生物医药企业部分选择在内地其他区域拓展、转移发展。特别是近年来，在土地空间有限、生产要素成本上升、产业转型升级、拓展市场需要等因素影响下，广州、深圳等城市逐步将产业转移至周边城市，广州、深圳、东莞等生物医药产业与周边城市的协同

① 其中药物发现又可分为选择疾病、选择靶点、设计化合物并合成优化、选定先导化合物、优化先导化合物等阶段。

发展逐步加强，向西岸转移、拓展的趋势也日益明显。根据相关调研发现，有部分深圳医疗器械企业选择外迁。近年来，广州、深圳等生物医药领域不断有企业转移出去，如稳健医疗、菲鹏生物、迈瑞医疗、华大基因等，如表 5-4 所示。

表 5-4　深圳医疗器械产业拓展转移情况

年份	企业	产业承接地
2015	稳健医疗（深圳）	生产基地基本搬迁至湖北黄冈生产全棉水刺无纺布和制成品
2017	迈瑞医疗（深圳）	在南京建设外科产品制造中心和生物制剂制造中心
	菲鹏生物	落户东莞高新技术产业开发区
	华大基因（深圳）	落户武汉光谷建设基因健康小镇项目，投资 100 亿元

资料来源：课题组整理所得。

2. 打造创新链深度融合的现代化创新生态体系

一是共同打造世界级生物医药创新中心。对标世界一流生物医药原始创新高地，加强大湾区生物医药战略布局，聚焦前沿技术领域的原始创新孵化，共同打造世界级生物医药创新中心。瞄准全球首创新药，关注药物的新靶点，并重点聚焦细胞治疗、基因编辑等前沿优势领域，加强与全球顶尖科研院所联合开展基础研究，筹划、发起大湾区生物医药国际大科学计划，形成前沿领域在基础研究方面的国际领先优势。关注细胞治疗领域，布局企业成立专业的细胞产业园，重点打造集基础研究、制备检验、临床前研究、临床研究于一体的国家级细胞治疗研究与转化平台，建设世界一流细胞产业科技创新中心，在细胞治疗领域抢占制高点。

二是共同打造大湾区生物医药创新生态圈。围绕大湾区生物医药产业链，整合大湾区各市优势资源共建集“基础研究、技术攻关、成果产业化、科技金融、人才支撑”于一体的开放创新生态。在汇聚整合优势资源、共建开放创新生态、构建协同创新高地、创新科技金融服务、实现共建共享共赢等方面达成合作共识，助力大湾区生物医药与大健康产业高质量发展。

专栏 5-1　深圳光明科学城打造楼上楼下、左邻右舍的生物医药生态链

近年来，深圳光明科学城在全国合成生物学①领域逐步处于领先地位，科学城为合成生物企业提供了一个良好的创新生态环境，助力深圳光明打造一个全球合成生物学的科研与产业高地。光明科学城在合成生物下形成了生态链，中试、楼上楼下、产学研、医疗器械、共享实验室、深圳市转化中心等，合成生物产业目前已基本完成了全产业链的布局②。

一是打造生态链：楼上院士创新+楼下中试转化。2020 年，光明区政府和中国科学院深圳先进院合作共建工程生物产业创新中心，打造“楼上楼下创新创业综合体”。“楼上”科研人员利用大设施开展原始创新活动，进行“从 0 到 1”“从 1 到 10”的原始创新研发，“楼下”创业人员开展工程技术开发和中试转化，开展“从 10 到 100、到无穷大”的商业化应用，楼内的博士也可以随时随地与企业的工程师展开交流，大大缩短了从原始创新到产业转化的周期，这一全国首创的产研转化模式已被国家发展改革委列入 47 条全国推广的深圳经验之一。截至 2022 年 6 月，创新中心已组织 8 批次共 81 家企业遴选，孵化器和后续拓展园区吸引落地 29 家企业。

二是提供拎包入住的创业服务环境。工程生物产业创新中心为初创企业提供了优质的创业环境、建设开放共享的办公空间和高端实验技术平台，从水电等琐碎事情到精密仪器和设备的使用，创新中心都提供一条龙服务。

---

① 合成生物学被誉为未来改变世界的十大技术之一，也是中国在技术上弯道超车的机会。在我国，上海、深圳、天津三个城市在合成生物学领域发展迅猛，其中最典型的当数深圳，在 2023 年 6 月深圳出台的“20+8”产业政策中，8 个未来重点产业发展方向中合成生物居首，这是一个非常重大的决定，对合成生物产业的发展有重大意义。

② 探访深圳光明科学城集群空间　合成生物产业 5 年内有望率先迎来爆发式增长［N/OL］. 21 世纪经济报道，［2022-07-06］. https：//baijiahao. baidu. com/s？ id = 1737574531330852144&wfr = spider&for = pc.

下一阶段光明区还将复制推广该经验，在脑科学与类脑智能、生物医药等领域谋划和建设创新中心，目标是至2035年初步建成具有全球影响力的科技和产业创新高地。

资料来源：根据公开资料整理。

人才、资源、市场、政策等是创新生态环境的重要组成部分，大湾区要建立从源头创新到创新成果转化应用完整的创新链，将创新链与产业链深度融合，结合港澳地区国际化创新资源，促进生物医药产业链全面发展，以创新引领区域产业升级。加快理顺合作机制，与香港、澳门等地区的高校、研究院所加强合作，把香港及澳门的科技资源与内地的市场和资金结合起来，加快推动大湾区医药产业协同创新快速发展，完善大湾区生物医药创新生态圈，建立"基础研究+技术攻关+成果产业化+科技金融+人才支撑"的全过程创新生态链。

专栏5-2　长三角医药创新发展联盟推动产、学、研一体化发展

2021年，长三角医药创新发展联盟在上海成立，共有38个成员，其中中医药类企业有20家，投资机构高校院所10家，医院类7家，联盟的宗旨在于联合政、产、学、研、医、用、商、金、介等领域相互交融、相互支持，形成显著的聚合效应，将进一步推动长三角产、学、研一体化发展，加快高校科研成果转化，促进长三角中国医药产业实现跨越发展。

资料来源：根据公开资料整理。

（三）打造能级量级领先全球的生物医药产业集群

产业集群是粤港澳大湾区生物医药协同创新的重要集聚地，可以汇集高水平的企业、科研机构、高校、产业服务平台等，创新集群是全球科技创新发展的趋势，也是大湾区建设国际科技创新中心的独特优势。推进大湾区生物医药高质量发展，形成具有湾区特色、湾区优势的产业集群，有助于大湾区加快推动各类创新资源协同创新，在国内及全球发挥引领示范作用。

1. 全球生物医药产业集群化发展态势明显

当前，全球生物医药产业呈集群化发展态势，主要是聚焦产业发展人才、资金、项目、大数据等核心要素集聚发展。生物医药产业集群是以高校、科研机构、制药企业、生物技术企业等在特定地域内协同发展构成的集聚发展模式。生物医药产业集群化趋势有以下特点。

一是以高校及研究机构为主推动产业集聚发展。生物医药产业需要学术研究机构的基础研究能力作为重要支撑。例如，美国的波士顿拥有医疗保健和生命科学成熟集群，集聚了哈佛大学、麻省理工学院、波士顿大学等顶尖高校。“世界基因之都”华盛顿—巴尔的摩—马里兰 270 科技走廊是美国国立卫生研究院和约翰霍普金斯大学所在地，吸引并培养了众多生物领域人才，同时也孵化了诸多大型生物医药公司。高校及科研机构在生物医药产业集群中发挥了重要推动作用。丹麦与瑞典通过建立区域高校联盟来加快生物医药产业发展。

专栏 5-3　丹麦—瑞典生物医药谷建立区域高校联盟加快产业发展

丹麦与瑞典合作在丹麦的哥本哈根地区和瑞典南部地区建立了跨国的生物医药谷，其主要特征是技术、人才和资金的高密度集聚。厄勒海峡区域内汇集哥本哈根大学、隆德大学等大量高校和研究机构，与全球 800 余所高校有合作关系。为有效利用区域内高校及研究资源，在 1997 年厄勒海峡地区成立了高校联盟，共有 14 家高校加入，通过链接并共享课程、图书馆和其他资源设施强化区域的科研竞争力。

资料来源：根据公开资料整理。

二是以龙头企业为主推动产业集聚发展。生物医药龙头企业在产业集群中的优势主要体现在创新研发能力、雄厚的资本、丰富的人才储备以及技术和品牌壁垒等。生物医药产业具有高投入、高技术、高风险等特点，龙头企业在产业竞争中更容易形成马太效应，推动产业集聚发展。在美国，龙头医药公司覆盖领域包括研发、销售等，在大型企业带动下，推动创新药与生物仿制药协同发展，中小型及新创生物科技公司重点发展细分治疗领域，并成为资本投资合作的重要对象。美国的各大生物医药产业园大多拥有商业化十分成功的龙头企业，如旧金山湾区的基因泰克，是美国历史最悠久的生物技术公司，拥有大量专利，凯龙则是全球第五大疫苗公司。这些龙头企业是产业集聚的重要因素，发挥了辐射、虹吸、带动作用，吸引众多创新型企业在一定区域范围内集聚发展，形成配套完整、协同创新的产业链。

专栏 5-4　美国大型企业通过带动作用形成生物医药产业集群

根据 2021 年《财富》杂志发布的世界 500 强名单来看，在 34 家上榜的医药相关企业中，美国的企业最多，共占据了 18 席，比例过半，是中国上榜企业数量的 4.5 倍，其中排名最高的是来自美国的 CVS Health，它的营业收入达到 2687 亿美元，中国排名最高的企业是来自香港的华润，营业收入为 994.37 亿美元①。从主营业务来看，CVS Health 共包括 4 个部门，分别是医疗保健、药品服务、零售以及企业部门，CVS Health 通过与其他企业的互动合作，形成完善的“Bed-Bench-Bed”（临床—实验室—临床）研发模式，保证了生物医药产业集群的持续发展。

资料来源：根据公开资料整理。

三是以核心城市为主推动产业集聚发展。生物医药产业集群需要区域中核心城市的辐射、引领、推动作用。一些地区的核心城市逐渐集聚了生物医药产业发展的优质要素，在科研实力、人才吸引、资本体系等方面具有比较优势，有助于培育出能级量级较大的生物医药产业集群。例如，英

① 财富 . 2021 年世界 500 强排行榜[EB/OL]. [2021-08-02]. https://www.fortunechina.com/fortune500/c/2021-08/02/content_394571.htm.

国伦敦是伦敦都市圈的核心城市，在医学研究和科研人员等方面实力强劲，并拥有大量集聚的人口、医疗机构等，医疗服务是其发展生物医药产业集群的独特优势。再如，美国生物医药产业集群主要分布在九大核心城市区域，即波士顿、旧金山、圣地亚哥、纽约、北卡三角研究地带等，体现了核心城市对生物医药产业集群的重要引领带动作用。根据戴德梁行在2022年发布的《中国生物医药产业集群发展白皮书》，世界排名第一的生命科学产业集群是美国波士顿地区，这里有超过40所世界顶级高校和近250万平方米的生物医药实验室，还拥有90%的全球排名前20和全部排名前10的医疗器械公司①。美国生物医药领域在世界上处于领先发展地位，各种要素完备，产业发展迅速。

2. 加快构建大湾区生物医药产业集群

广东省“十四五”规划指出，要加快发展生物医药产业，对重点发展的细分领域及产业集群的构建作了重要的战略部署。2020年5月，广东省人民政府发布《关于培育发展战略性支柱产业集群和战略性新兴产业集群的意见》，明确生物医药与健康产业集群为十大战略性支柱产业集群之一。由此可见，在国家战略部署下，广东省积极发展生物医药与健康产业集群，将进一步集聚高端优质资源，促进产业集群的快速形成与发挥辐射带动作用。现阶段，大湾区生物医药产业初步形成上游研发、中游生产、下游销售的完整产业链，产业集群已具雏形。但整体来看，各个创新主体、各个环节的协同能力不足，产学研合作体系尚未完全建立，生产企业与研发企业合作不够紧密，基础研究与应用研究尚未高效结合。大湾区生物医药产业集群建设需要从以下几个方面着手。

一是优化生物医药产业集群发展政策。围绕生物医药细分的重点发展领域，瞄准国内外领先的生物医药龙头企业，形成招商目标库，完善产业配套政策。优先在大湾区重点生物医药产业园区，支持各个城市之间知名企业合作，共同建成若干个国家级、省级生物医药产业集群，在能级量级

---

① 戴德梁行．中国生物医药产业集群发展白皮书［EB/OL］．［2022－04－15］．https：//www.shangyexinzhi.com/article/4758738.html.

上领先国内及全球，加快产业链协同创新，充分利用大湾区在重大基础建设、科研平台建设、资金资本流通等方面的优势，制定开放创新的区域示范政策，引进国际领军的生物医药科学家和团队，集聚大湾区优质创新药企业，加快园区协同创新发展。以上海为例，主要从目标、发展重点、空间布局等方面提出建设世界级生物医药产业集群，如表 5-5 所示。

表 5-5　上海建设世界级生物医药产业集群举措

领域	部分举措
目标	到 2025 年，上海生物医药产业规模中的制造业产值要达到 2400 亿元；推出可用空间累计 2.6 万亩，建成 6 个百亿元级产业园区（目前已达百亿元规模的产业园有 2 家）；国产一类创新药品和创新医疗器械产品上市累计分别达到 15 个和 35 个等
产业发展重点	根据上海“十四五”规划，“十四五”期间上海将重点发力高端生物制品、创新化学药及制剂、现代中药、高端医疗器械、技术服务、医药流通等六大产业。同时，上海还要打造成为细胞治疗产业核心地，阿尔茨海默病、糖尿病等代谢障碍症全球创新药物主要发源地，以及下一代高端医疗器械创新产品首发地等
空间布局	“十四五”期间，上海将深化“1+5+X”生物医药产业园区布局。“1”代表张江生物医药创新引领核心区；“5”代表临港新片区精准医疗先行示范区、东方美谷生命健康融合发展区等五大特色产业区；“X”代表若干特色产业载体
行动方案	2022 年，浦东新区正式发布了《上海市浦东新区生物医药产业高质量发展行动方案（2022—2024 年）》，加快打造世界级生物医药产业集群上的政策及空间布局

资料来源：上海：建设世界级生物医药产业集群［N/OL］. 解放日报，［2022-01-22］. http://www.gov.cn/xinwen/2022-01/22/content_5669851.htm.

二是加强生物医药重大基础设施的建设。围绕国家重大战略需要，争取建设国家药物科技创新战略型平台和重大科技基础设施。推动生物医药实验室建设，支持面向生物医药与健康产业建设综合性的基因治疗、数字药物和生物工程酶等设施。加快建设国家基因库、脑解析与脑模拟设施、精准医学影像大设施等，集聚蛋白质中心、转化医学等重大科技基础设施，建设医疗大数据开放基础设施，为大湾区生物医药协同创新提供支撑。

三是加强生物医药龙头企业的集聚。龙头企业是产业集群的引擎力量，大力引进全球知名的生物医药企业设立研发总部或研发基地，针对生物医药行业发展特点适当降低总部企业认定标准。如放宽资产合计和年营业收入额、产值规模、注册资本等。借鉴上海的经验，研究细化企业总部的分类，针对研发总部（中心）制定专门的政策法规，在登记注册、资金、人才、科研基础设施、专业服务、产学研合作、成果转化、知识产权保护、科研物资通关等方面明确体系化、多维度的配套支持。

专栏 5-5　张江科学城积极布局全球或区域研发或生产中心

张江生物医药创新引领核心区规划面积 11.3 平方千米，产业布局以张江科学城为主要承载区，形成各产业基地板块联动的空间布局和“科创承载、总部研发、高端制造、功能平台相辅相成”的功能布局。浦东新区以张江科学城为核心，构建了外高桥、金桥、临港南北联动的空间体系，形成了从靶点发现、药物筛选、临床研究、中试放大、注册认证到量产上市等创新链条。区内吸引集聚了近 1700 家创新型生物医药企业，全国制药工业百强企业有 11 家在张江布局了研发中心，全球 TOP 20 的医疗器械企业近半数在张江布局了全球或区域研发或生产中心。

资料来源：根据公开资料整理。

四是建立高标准的生物医药研发总部园区。依托广州国际生物岛、深圳坪山区生物医药产业园区等，建立高标准的研发总部园区，集聚高质量研发总部。借鉴上海的经验，园区总部楼层可分割成小型实验室、创业办公室和联合办公空间，设计层高较高的（如 6 米）首层空间，大型报告厅等。以简洁典雅为设计原则，建立针对研发总部的共享办公空间，具体包括办公门厅、咖啡厅和会议共享区等公共区域。结合优美的自然环境，丰富的室外活动空间，为研发人员创造舒适的创新环境。

五是加快构建医疗器械产业集群。医疗器械创新涌现出一批高端产业和产品，粤港澳大湾区是国家新型工业化产业示范基地，可依托大湾区中心城市的资源优势，发挥国家级新区、国家自主创新示范区、国家高新区等平台作用，在高端医学诊疗设备、基因检测等重点领域培育重要产业项目。同时推动东莞、佛山等市的产业转型升级以及在优势领域探索“再工业化”，保持全国医疗器械产业区域龙头地位。大湾区在综合性高科技医疗器械方面具有明显优势①。以深圳为中心的粤港澳大湾区在综合性高科技医疗器械的研发、生产方面具有明显优势，综合了电子、计算机、通信等领域的高新技术成果积累，逐渐形成了集约化发展格局，成为我国最重要的医疗器械产业集群之一。建议依托国家高性能医疗器械创新中心等平台，提升国产医疗设备的质量水平。以呼吸机为例，逐步提高比例阀、流量传感器等设备的质量，助推医疗器械设备集聚发展。

六是促进大湾区各城市之间生物医药专业化分工协作。借助大湾区内地城市的区位优势及香港完备的医疗体系，布局生物制造、生物技术、生物材料等领域，建立药品筛选、检测及评价平台，致力于提高创新药物的研发效率。推动生物医药科技产业链协同发展。联合高校、院所、生物医药材料企业，推动生物医药上中下游、大中小企业开展产业链不同环节专业化协作发展，鼓励企业完善自由有序流动的合作分享机制，建立专业协作基地，加强产业协作配套。鼓励大湾区重点大项目互动合作，提升产业链现代化水平。

七是延伸生物医药与健康产业集群价值链。推动上下游企业协同发展，支持生物医药与健康企业加大研发投入，加强企业研发机构建设，推动医药健康创新成果快速转移转化并促进产业转型升级。支持龙头企业和创新型企业不断壮大集群企业队伍，构建大中小企业创新协同、产业链供应链互通的产业生态。支持生物医药与重点健康企业聚焦产业链关键环节实施兼并重组，推动资源整合，培育“链主”企业和生态主导型企业。推动集群企业与信息服务、研发外包、智慧物流、现代供应链等服务业融合发展，提升生物医药与健康产业集群竞争力。

---

① 广东省药品监督管理局，国家药品监督管理局南方医药经济研究所．粤港澳大湾区生物医药产业发展报告（2022 版）［M］．北京：中国医药科技出版社，2023.

第六章

粤港澳大湾区生物医药技术应用的协同创新

与世界知名湾区相比，目前大湾区生物医药以跟随创新为主，部分前沿技术和国际先进水平仍存在差距，在我国生物医药创新步伐加快，研发投入增长的趋势下，大湾区生物医药需要发挥国家重大科研平台、高校科研项目、龙头企业等作用，协同突破核心关键技术项目，结合企业需求，形成“市场需求+技术创新+成果应用”的创新链条，加快大湾区生物医药技术应用的协同创新，完善大湾区生物医药创新生态体系。

一、推进生物医药基础研究和应用研究相结合

生物医药基础研究是创新的原动力，基础研究成果孕育着新药发现的突破口，加强基础研究，强化与应用研究相结合，是大湾区生物医药协同创新的关键。

（一）生物医药基础研究和应用研究相结合存在的问题

我国在生命科学、医学等领域取得了一批具有国际影响力的研究成果，例如，屠呦呦获得诺贝尔生理学或医学奖等国际重要奖项。我国生物学领域逐步涌现具有重要国际影响力的科研成果和科学家。从大湾区内地城市看，拥有中山大学、暨南大学、南方医科大学等众多实力雄厚的生物医药科研院校，已建成生物医药领域国家级重点实验室 6 个、省部级重点实验室 72 个，基础研究能力不断加强。但是，也面临协同创新的难点、痛点、堵点，需要加快破解，以促进生物医药的协同创新。

一是生物医药研发投入相对不足。生物医药产业是高投入、长周期行业，需要对从临床前到生产进行持续研发投入。近年来，大湾区生物医药产业年研发费用投入占销售收入的 4%~6%，低于国际平均水平（13%）。

从国际看，英国、美国、法国等国家用于基础研究经费占其国内研发总投入的12%~23%；从应用研究经费来看，英国、法国应用研究经费占比超过40%，美国约为20%。我国基础研究投入约占研发总投入的5.5%、应用研究经费投入约占研发总投入的11%，与主要发达国家还存在较大的差距，粤港澳大湾区生物医药同样存在类似的问题。急需提高全社会研发投入占地区生产总值比重，以及提高基础研究和应用基础研究资金投入，推进生物医药协同创新。

二是生物医药产学研结合程度不高。生物医药涉及从基础研究到应用转化的长链条、长周期过程，需要不同学科、领域的专业人才协同配合。目前，大湾区生物医药存在诸多问题，如基础研究和前沿应用研究薄弱、学术创新与产业创新的价值动机差异较大，技术产业化困难。产学研合作内部的利益共享机制有待完善，产业原始创新能力不足。科技创新政策环境制约了产学研合作绩效，创新链总体上仍处中低端，市场竞争力不强①。

（二）提升大湾区生物医药基础研究及应用研究水平

一是推动生物医药基础研究协同创新。选择大湾区内基础研究优势明显的生物医药科研院所，面向重点细分领域，给予相对长期、稳定的支持。积极引进全球一流科技人才，以院士带动基础研究能力创新，加快实现更多“从0到1”的突破。积极引进、培育具有国际影响力的生物医药创新团队，鼓励跨学科和综合交叉研究，加强大湾区内各个城市之间创新团队协同合作，积极开展引领型研究。赋予研究人员充分的科研自主权，给予研究人才更大的技术路线决定权。给予生物医药科研机构在选题、组织、使用经费方面充分的改革探索空间。

二是明确生物医药基础研究的方向。强化创新驱动，激活生物医药高质量发展新动力。依托国内知名高校、科研机构集聚全球顶尖科学团队，加快建设重大科技基础设施，引领原创技术创新突破。结合大湾区的生物医药产业优势，聚焦世界前沿技术，关注发展潜力大、技术前景明朗的领

---

① 邹祥．后疫情时代我国生物医药产业创新发展的建议［EB/OL］．［2021-03-19］．http：//bbzx.beibei.gov.cn/content-4949-50935.html.

域，重点在医疗器械、检验诊断、化学药、仿制药、中成药等领域，加大基础研究投入。重点发展新型疫苗、抗体药物、小分子药物、抗体偶联药物、核酸类药物、细胞治疗药物、基因治疗药物、个性化治疗技术等。

三是共同制订国际大科学计划。目前，欧洲特别是北欧部分国家风险投资不活跃、科技企业孵化慢、医药市场割裂、产品推广难，需要借助国家之力，结合国家战略所需，尽早谋求与欧洲国家生物医药科技合作。大湾区具有全球创新资源，可借鉴上海等地的经验，在生物医药领域共同发起、组织国际大科学计划（见表 6-1）。早在 2018 年，复旦大学就发起了“人类表型组”国际大科学计划。组织实施国际大科学计划对我国增强生物医药科技创新实力、迈进国际科技前沿具有重要意义。复旦大学作为“人类表型组”国际大科学计划的主要发起单位，在整个计划中发挥组织协调的作用，推动全球合作，促进生命科学领域的科学研究和人才培养，有助于提升生物医药产业综合竞争力。

表 6-1　上海国际大科学计划协同创新机构

机构类型	机构列举
高校	复旦大学、北京大学、清华大学、上海交通大学、中山大学、中国科学院、中国医学科学院等 30 家高校和科研院所
医院	中国人民解放军总医院、中日友好医院、四川大学华西医院、中科大附属第一医院、复旦大学附属中山医院、复旦大学附属华山医院、上海交通大学医学院附属瑞金医院、华中科技大学同济医学院附属同济医院、中南大学湘雅医院等 20 家三甲医院
企业	招商局集团、中电数据等 5 家国内知名企业
研究中心	拟在上海、北京、重庆、广州等地分别成立人类表型组研究中心
国际合作机构	美国、英国、德国、日本等 15 个国家的 21 家著名研究机构

资料来源：根据公开资料整理。

四是在应用研究方面加强与市场需求的对接，将应用研究与产业化相结合。在发挥民营企业积极性的同时，发挥大型央企、国企的作用，在生物医药领域设立科研机构，推动基础研究与应用研究相结合。鼓励大湾区内大型企业集团组建生物医药创新联合体，发挥高校在生物医药协同创新体系中的作用，支撑大湾区企业技术创新，参与企业项目，帮助生物医药企业分析问题，提升技术创新能力，深入开展理论和应用基础研究。对生物医药等周期长、有潜力的科研项目建立可持续投入配套机制，重视基础科学的长期投入。吸引境外世界500强生物医药企业及细分领域领军企业在大湾区内地城市设立研发中心。支持大湾区内地企业在香港、澳门设立生物医药技术创新中心。

五是推进生物医药基础研究和应用研究相结合。支持大湾区生物医药重点实验室与企业共建技术研发机构，加强生物医药的共性技术供给，在基础研究方面发挥大湾区高校及国家重点实验室的作用，打造原创技术“策源地”，加大资金、人员的投入力度。充分发挥政府引导作用，进一步加大对大湾区生物医药基础研究、应用研究、试验开发等科研经费的投入，参考国内外的经费投入比例，优化生物医药基础研究、应用研究和试验开发经费投入结构，提高科研经费投入。

专栏 6-1　北京生命科学研究所开展基础研究创新

以研发为主的新型科研机构，聚焦创新链上游的基础研究和应用研究等功能，着重原始创新，能够充分发挥以研发源头创新带动产业发展的杠杆作用，解决特定关键领域和战略性新兴产业发展中的技术瓶颈，将成为提升我国基础研究和科技创新能力的重要保障。以北京生命科学研究所为例，北京生命科学研究所于2003年开始筹建，主要任务是开展原创性基础研究，培养优秀科研人才，创新科研运作机制。2014年，北京生命科学研究所在全球首次发现了乙肝病毒（HBV）及丁肝病毒（HDV）感染人体所必需的细胞受体，从而为真正解决乙肝病毒治疗药物耐药问题提供解决路径。2019年北京生命科学研究所资深研究员邵峰获得未来科学大奖“生命科学奖”。经过多年创新发展，北京生命科学研究所为我国基础科研改革发挥了示范作用。

资料来源：根据公开资料整理。

六是深化香港与内地医疗科技协同创新合作。

首先，建立“医疗机构+高校+企业”的科技核心技术协同创新机制。支持内地科研人员和香港高层次专家开展技术咨询、技术服务、科技攻关等合作，加强医疗卫生机构、高等院校、科研机构和企业等各类创新主体合作，构建协同创新的体制机制和模式，支持香港与内地医疗机构建立创新联合体。发挥香港前沿医疗技术领先的优势（见表6-2），加强大湾区内地实验室与香港科研机构合作，与香港科技大学、香港大学等高校科研团队开展合作，进行技术协同攻关。

表6-2 香港大学深圳医院前沿医疗技术一览

序号	前沿医疗技术
1	2021年5月，“磁力可控延长钛棒”，针对早发性脊柱侧弯划时代器械在内地首次应用
2	2021年11月，新生儿永存动脉干加主动脉弓离断手术顺利完成
3	2022年6月，通过心血管新械“可吸收抗菌封套”，成功完成内地首例植入案例，有效降低心血管疾病患者植入感染及并发症风险
4	2022年6月，成功完成胸腔镜辅助下免缝合主动脉瓣植入术
5	2022年10月，完成国内首例脑部“磁波刀”临床服务案例
6	2022年12月，完成纯液力悬浮离心式人工心脏手术

资料来源：根据公开资料整理。

其次，鼓励香港与内地共建医疗领域概念验证平台。借鉴北京医疗领域支持概念验证平台建设经验，以高校、企业、医院等为主体建设概念验证平台。支持大湾区内地与香港高等院校、科研机构等，通过概念设计、种子资金、商业评价、医学评估等概念验证活动，验证特定技术的商业潜力。支持科技成果概念验证平台建设，为大湾区内地各类科研机构等提供概念验证服务，例如，2022年6月，北京大学第三医院与海淀区共建的中关村科学城-北京大学第三医院临床医学概念验证中心揭牌。临床医学概念验证中心是国内首个基于医院建设的概念验证中心，将进一步完善医学科技创新链条，加速从想法到样品的路径，实现“0到1”的创新突破，促进更多优质的基于临床的科技成果转化落地（见表6-3）。

表 6-3　北京医疗领域支持概念验证平台

建设单位	平台名称
首都医科大学	附属北京友谊医院北京市医药健康临床概念验证平台
北京大学第三医院	中关村科学城-北京大学第三医院临床医学概念验证中心
首都医科大学	首都医科大学医疗器械及创新药物概念验证平台
北京昌科华光科技有限公司	创新医疗器械概念验证平台
荷塘探索国际健康科技发展（北京）有限公司	全球健康产业创新中心概念验证平台

资料来源：根据公开资料整理。

最后，建立健全基础研究国内外交流合作机制。在全球化、信息化、网络化深入发展的条件下，积极融入创新网络，取得更多高质量的生物医药科技成果。充分发挥香港的独特优势，组织参与国际大科学计划、大科学工程等，聚焦生物医药最前沿的研究领域，扩大吸引别国参与的影响力。深化与周边省市基础研究的交流合作，引领大湾区成为我国生物医药原始创新策源地。

二、设立大型生物医药科技研究机构

科技研究机构是承担政策创新、技术创新、国际合作、学术交流等的重要创新载体，设立大型生物医药研发机构，并在管理体制、管理模式等方面加快改革创新，有助于推动大湾区生物医药释放新活力，打造新动能，加快各主体协同创新的步伐。

（一）大湾区生物医药科研机构总体情况

根据《自然》增刊《2022 年自然指数——生物医学科学》统计，美国、中国、英国、德国和日本是 2015—2021 年生物医学科学领域的前五强[①]。2021 年，生物医学领域的机构五强分别是哈佛大学、美国国立卫生研究院、斯坦福大学、德国马普学会和中国科学院。该指数排名前 50 的广

① 中国研究机构生物医学科研产出增长迅速［EB/OL］.［2022-12-15］. 人民网，http：//world. people. com. cn/n1/2022/1215/c1002-32587925. html.

东研究机构有中山大学（第45位）①。此外，根据智研咨询数据中心发布的《智研年榜：2022年中国医院影响力（综合）排行榜单TOP100》，从所在省市看，北京上榜的医院最多，有13家，广东次之，有10家。

据广东省教育厅统计，2022年，广东有22所本科高校开设医学类专业38种，开设的专业总数达180个。广东加快推进医学教育和医学人才培养，近3年全省高校增设医学类专业数37个②。2023年，广东省教育厅公布了首批广东省高水平临床医学院、公共卫生学院和中医药学院名单，有9所大学的21个学院入选，其中15个为重点建设学院，6个为培育建设学院（见表6-4）。

表6-4　广东省首批高水平临床医学院、公共卫生学院和中医药学院名单

序号	高校	入选学院数量
1	南方医科大学	4
2	广州医科大学	4
3	广东药科大学	3
4	中山大学	2
5	暨南大学	2
6	广东医科大学	2
7	广州中医药大学	2
8	汕头大学	1
9	深圳大学	1

资料来源：根据公开资料整理。

2022年，我国已建成国家区域医疗中心76个，其中广东4个。从深圳看，以中国科学院深圳先进技术研究院为例，一些生物医药研究机构快速发展，积极参与国家、省、市的科研项目，同时与企业加强合作，取得了一定的成效，如表6-5所示。

① 有7家中国研究机构：北京大学（第24位）、浙江大学（第30位）、上海交通大学（第33位）、中山大学（第45位）、中国科学院大学（第46位）、复旦大学（第49位）和清华大学（第50位）。

② 9所大学21个学院入选广东高水平医科建设名单［N/OL］. 南方日报，［2023-02-28］. http://hmo.gd.gov.cn/ygahz/content/post_4115092.html.

表 6-5 中国科学院深圳先进技术研究院相关机构

研究机构	优势	成绩
生物医学与健康工程研究所	中国科学院生物医学工程领域规模最大的研究单元之一，聚焦高分辨、多模态高端医学成像技术与设备研发等。通过建立享誉国际的生物医学与健康工程的科学研究和人才培养基地，瞄准世界生物医学工程学科科技前沿和健康医疗国家重大需求，实现医学成像、医学电子信息、生物传感、纳米医学、生物力学、生化检验和生物材料等关键技术的突破，推动临床医学技术现代化进程和医疗器械产业迅速发展	项目数量与规模。2008—2020 年，共争取科研项目 1770 项，总合同经费累计达 24 亿元。截至 2020 年 12 月，共承担国家自然科学基金项目 282 项，其他国家、中科院、广东省及深圳市项目 1000 余项，与企业合作项目百余项。 论文发表。注重基础理论与技术的研究开发，2020 年发表论文 346 篇，其中 SCI 期刊论文 296 篇
生物医药与技术研究所	于 2013 年 8 月正式挂牌。致力于以临床需求与重大疾病为导向，以产业应用带动科研，突破核心关键前沿技术和创新药物，引进和培养一流的人才梯队，深化区域产学研转化，促进生物医药临床与生物产业的经济发展	科研项目。截至 2020 年末，已承担各类科研项目 818 项，包括国家重点研究计划、国家自然科学基金等。 论文发表。发表文章 1400 篇，包括 SCI 文章 922 篇，已授权专利 205 项，45 项专利实现产业化转让
脑认知与脑疾病研究所	于 2014 年成立，目前已与香港科技大学、MIT 麦戈文脑研究所等院校的国际一流脑科学团队建立了良好的合作关系，加快推动创新发展	2020 年，获批国家及地方科研项目 106 项，获批经费额度超 8000 万元

资料来源：根据公开资料整理。

建设粤港澳联合实验室是粤港澳大湾区“十四五”期间优化提升实验室体系的重要举措，也是增强粤港澳大湾区科技创新的重要支撑。《广东省科技创新“十四五”规划》提出，争取到 2025 年，建成 40 家左右的粤港澳联合实验室，开展重大科学问题和关键核心技术研究，推动成果转移转化和人才团队培养。从广州的情况看，截至 2021 年 2 月，在广州的粤港澳联合实验室已达 10 家，主要分布在新材料、先进制造、生物医药等重点领域。具体情况如表 6-6 所示。

表 6-6 广州粤港澳大湾区联合实验室发展情况

类别	情况
牵头单位为高校的实验室	华南理工大学、暨南大学、华南师范大学、中山大学各 1 家，广东工业大学 2 家
牵头单位为科研机构的实验室	中国科学院广州地球化学研究所、广东省人民医院、广州医科大学附属第一医院、广州中医药大学第二附属医院各 1 家
港澳高校参与机构	香港大学、香港科技大学、香港理工大学、香港中文大学、香港城市大学、香港浸会大学、澳门大学、澳门科技大学等 8 所高校
建设周期及经费	联合实验室建设周期均为 3 年，每家首期建设经费均为 500 万元
取得的成效	粤港澳呼吸系统传染病联合实验室、粤港澳中医药与免疫疾病研究联合实验室等在病毒溯源、治疗药物、快速检测及公共支撑服务上做出了积极贡献

注：在穗粤港澳联合实验室已达 10 家。

资料来源：根据公开资料整理。

目前，在大湾区的大力推动下，广州、深圳、汕头等地的医疗机构、研究机构等已经与香港、澳门的知名高校建立了 20 余家粤港澳联合实验室，其中涉及生物医药的有 4 家，分布在传染病、慢性病、中医药等领域，如表 6-7 所示。

表 6-7 生物医药领域粤港澳联合实验室情况

实验室名称	合作主体
粤港澳呼吸系统传染病联合实验室	广州医科大学附属第一医院、香港科技大学、金域医学、澳门科技大学、香港大学—巴斯德研究中心、中国科学院广州生物医药与健康研究院
粤港慢性肾病免疫与遗传研究联合实验室	广东省人民医院、中山大学附属第一医院、深圳华大生命科学研究院、华南理工大学、香港中文大学
粤港澳中医药与免疫疾病研究联合实验室	由广州中医药大学第二附属医院牵头，联合澳门科技大学、香港浸会大学、澳门大学、广州悦康生物制药有限公司共同建设
粤港新发传染病联合实验室	汕头大学医学院、香港大学

资料来源：根据公开资料整理。

此外，根据2022年4月发布的中国科学院与香港地区联合实验室名单①，如表6-8所示，在22个联合实验室中，与生物医药相关的有4个，分别是深港生物材料联合实验室、生物资源与疾病分子机理联合实验室等。

表6-8 中国科学院与香港联合实验室合作情况

联合实验室名称	合作单位
深港生物材料联合实验室	中国科学院深圳先进技术研究院
	香港大学
	香港中文大学
生物资源与疾病分子机理联合实验室	中国科学院昆明动物研究所
	香港中文大学
粤港干细胞及再生医学研究中心	中国科学院广州生物医药与健康研究院
	香港大学
干细胞与再生医学联合实验室	中国科学院广州生物医药与健康研究院
	香港中文大学

资料来源：根据公开资料整理。

（二）大湾区生物医药研究机构面临的主要问题

一是粤港澳大湾区医学院校和生物医药专业学科与先进国家、地区差距较大。从2021—2022年QS世界大学学科排名之生物科学与医学专业排名看，排名世界前10的大学集中在美国、英国、加拿大等国家，在前300名中，我国入选的高校有北京大学、上海交通大学、清华大学等，大湾区的高校有3所，分别是香港大学、香港中文大学、中山大学。总体上，生物医药水平实力较强的大学和学科主要分布在北京和长三角地区，大湾区在院校学科建设上实力相对较弱。大湾区的医学类高等院校主要集中在香港大学、香港中文大学、中山大学、暨南大学等，大湾区其他区域相对较少，如表6-9所示。

---

① 中国科学院国际合作局．中国科学院与香港地区联合实验室名单［EB/OL］.［2022-04-20］. http://www.bic.cas.cn/zl/gatsw/202005/t20200519_4746951.html.

表 6-9　2021—2022 年 QS 世界大学学科排名之生物科学与医学专业排名

世界高校	排名	中国高校	排名
哈佛大学	1	香港大学	55
牛津大学	2	北京大学	62
斯坦福大学	3	香港中文大学	78
剑桥大学	4	上海交通大学	103
约翰霍普金斯大学	5	清华大学	122
麻省理工学院	6	东北大学	161
加州大学旧金山分校	7	中山大学	162
卡罗林斯卡学院	8	南京大学	216
加州大学洛杉矶分校	9	武汉大学	240
伦敦大学学院	10	四川大学	300

资料来源：根据公开资料整理。

二是大型医院、一流临床科室及国家医学中心等较为缺乏。《中国卫生健康统计年鉴（2021）》显示，每百万人拥有三甲医院数量，北京为 2.5 家，海南为 1.6 家，上海为 1.3 家，广东仅为 1.0 家。国家医学中心同样较为缺乏，国家医学中心在疑难危重症诊断与治疗、高层次医学人才培养、高水平基础医学研究与临床研究成果转化、解决重大公共卫生问题、医院管理等方面发挥重要作用。但是，2021 年，广东仅有 1 家国家医学中心，其他大多数集中在北京、上海等地，如表 6-10 所示。2022 年，已建成国家区域医疗中心 76 个，广东仅有 4 个，分别是中国医学科学院阜外医院深圳医院、中国医学科学院肿瘤医院深圳医院、中山大学附属第三医院肇庆医院、中山大学孙逸仙纪念医院深汕中心医院。

表 6-10　10 大国家医学中心名单

序号	国家医学中心	所属医院	序号	国家医学中心	所属医院
1	国家心血管病中心	中国医学科学院阜外心血管病医院	3	国家创伤医学中心	北京大学人民医院
2	国家癌症中心	中国医学科学院肿瘤医院	4	国家重大公共卫生事件医学中心	华中科技大学同济医学院附属同济医院

续表

序号	国家医学中心	所属医院	序号	国家医学中心	所属医院
5	国家老年医学中心	北京医院	8	国家呼吸医学中心	中日友好医院、广州医科大学附属第一医院
6	国家儿童医学中心	首都医科大学附属北京儿童医院、上海交通大学医学院附属上海儿童医学中心、复旦大学附属儿科医院	9	国家口腔医学中心	北京大学口腔医院、四川大学华西口腔医院、上海交通大学医学院附属第九人民医院
7	国家神经疾病医学中心	复旦大学附属华山医院、首都医科大学宣武医院、首都医科大学附属北京天坛医院	10	国家传染病医学中心	复旦大学附属华山医院、首都医科大学附属北京地坛医院、浙江大学医学院附属第一医院

资料来源：看医界，10大国家医学中心名单［EB/OL］.［2021-06-17］. sohu. com/a/472632624_456062.

三是高水平生物医药科研机构较缺乏。大湾区在生命科学领域组建的重点实验室和工程研究中心等各类创新载体以医疗器械、基因技术为主，高质量科研产出不多，与北京生命科学研究所、中国科学院上海神经科学研究所等相比，存在较大的差距，如表6-11所示。大湾区总体上缺乏国际影响力大的科研组织，难以高效推动区域生物医药协同创新发展。

表6-11　我国部分重要生物医学研究机构

研究机构	概况	优势
北京生命科学研究所	中国科学院北京生命科学研究所于2009年底经中国科学院批准正式成立，为中国科学院直属科学研究机构，是集交叉科学研究、支撑服务、国际合作、高级学术论坛和研究生教育等于一体的现代生命科学交叉研究中心	作为国家科技体制改革试验田，发挥示范带头作用，与各大科研院所和医院等合作，推动临床基础研究、多学科交叉合作
中国科学院上海神经科学研究所	是一家主要关注神经科学的专业研究机构，于1999年11月27日在上海成立。中国科学院“率先行动”计划将该研究所定位为卓越创新中心	现拥有一所国家重点实验室——神经科学国家重点实验室。实验室目前拥有光学成像技术平台、电子显微镜技术平台、神经分子与细胞生物学技术平台、脑功能成像技术平台等6个技术平台，服务于神经系统发育、神经信息处理、神经疾病机理领域的研究

续表

研究机构	概况	优势
华大基因研究院	深圳华大生命科学研究院肇始于“人类基因组计划”时成立的北京华大基因研究中心，2007 年，华大南下深圳成立华大基因研究院，作为华大集团的核心研发机构，研究院紧紧围绕基因组学核心技术和前沿科学问题开展相关研究工作	截至 2022 年，华大集团已从一家以研发投入为主的研究院，成长为在盐田区拥有 13 家规模以上企业，立足深圳、辐射全球的产学研一体化新型基因科技机构
中国医学科学院基础医学研究所	是一所基础医学研究机构，隶属中国医学科学院北京协和医学院，前身是 1958 年成立的中国医学科学院实验医学研究所	拥有对国内外开放共享的医学分子生物学国家重点实验室、国家生物医学实验细胞资源库、国家发育和功能脑组织资源库、国家人口与健康科学数据共享平台基础医学数据中心、国家级基础医学实验教学示范中心 5 个国家级教学科研平台中心

资料来源：根据公开资料整理。

四是共享式生物医药服务平台较少。例如，上海有共享式生物医药服务平台。上海市鼓励园区、企业等建立高标准的共享实验室，助力研发总部（中心）技术创新发展。近年来，在市政府的大力支持下，上海积极鼓励企业建立共享实验室。目前，大湾区及内地的共享实验室建设尚未成熟，市场化的共享实验室不多，大多数共享实验室是由政府财政支持，企业参与建设的相对较少。由于开放共享的机制有待完善，共享实验室对外开放使用的动力不足，未能很好地发挥共享实验室的科研服务平台的作用。

（三）鼓励在大湾区设立大型生物医药科技研究机构

一是鼓励香港生物医药科研机构在大湾区内地城市设立研发中心。支持香港在深圳、广州等地设立分支机构、研发实验室等平台，加强与内地机构开展科研合作，合作开展推进国际化基础研究和应用基础研究项目，对符合要求的项目给予科研空间、资金等支持，以鼓励获得科研人才开展科研活动。加强与香港高校生物医药实验室合作。积极对接中国科学院广州生物医药与健康研究院香港中心和粤港干细胞与再生医学中心（香港），加强在干细胞与再生医学、医药等领域的交流合作。

专栏 6-2　香港汇聚全球优质生物医药研发机构资源

2022 年，InnoHK 创新香港研发平台启动后，香港特别行政区政府共收到超过 60 份来自多家世界知名院校和科研机构提交的建议书，并有 27 宗申请获批，其中有 15 家专于生物医疗科技的研发中心，合作机构包括伦敦帝国学院、牛津大学、剑桥大学等。同时，香港吸引世界各地多家顶尖大学和科研机构进驻。例如，MIT 在香港设立了创新中心 MIT Innovation Node，通过教育及公众活动计划紧密联系香港的学术界、商界和社区。香港大学与卡罗琳斯卡学院合作，在香港成立李达三博士再生医学研究中心，为从事干细胞及再生医学研究提供一流的研究环境。

资料来源：根据公开资料整理。

二是建立高标准的生物医药共享实验室。借鉴波士顿、上海（见表 6-12）等地的经验，参照美国、欧洲等不同行业的高级别标准，鼓励高校、大型科研机构或龙头企业联合建立生物医药共享实验室，明确实验室重大科技设施和大型科研仪器的适用范围、开放与共享、考核与奖惩等内容。优先为企业参与国家、省、市级的重大科研项目、关键核心技术攻关等提供共享服务。通过开放、共享的公共研发实验平台，为研发总部（中心）提供技术服务支撑。共享实验室参照欧美等实验室的高标准建立，提供企业研发所需的专业设备，并提供法务、财务、人力资源、产品推广展示等商务配套服务。

表 6-12　上海共享实验室案例概况

实验室名称	具体情况
ATLATL 共享生物实验室（创新研发中心）	1. 规模：按照美国顶级制药公司的标准，对标以 Harvard/MIT 为核心的 Kendall Square，建立了针对生物医药的创新共享实验室，为入驻企业提供一个全球最大的 Class A 级别的共享生物实验室，并提供 5000 多平方米的共享地带。 2. 国际化的管理服务：ATLATL 从基础设施到运营管理都按照世界一流标准建设，研发环境优越，保障了科学家的健康和安全，园区配以全方位的运营管理服务，包括环评、危废处理、洗消灭菌等一系列实验室运营管理和服务，同时，园区把重资产的投资变成了轻资产的运营模式，为企业提供了大量共享专业设备，降低了企业创新门槛。 3. 配套完善：配置完善的研发资源和专业的解决方案——如实验室和配套空间以及办公区、会议区和餐饮社交区。 4. 推动创新：ATLATL 创新研发中心是国内领先的生物医药孵化加速器，为生物医药初创企业节约了成本、减少了风险、降低了门槛，有助于培育研发总部的形成
U-Lab 生物医药共享实验室	1. 概况：U-Lab 是上海外联发商务咨询有限公司打造的生物医药共享实验室项目。聚焦生物医药新药研发、医疗器械、检验检测等领域，联合自贸区产业资源，利用好保税研发政策，打造跨境双向特色的“分布式网络化”平台。 2. 保税研发：进口研发设备保税；进口试剂耗材减免关税、增值税。 3. 跨境双向：中外合作研发、学术交流、跨境加速营。 4. 空间服务：模块式实验空间、实验室智能管理系统、共享办公、会议、休闲空间。 5. 跨境加速：6~12 个月短期加速项目、投资人对接、生物医药会议、国际论坛等。 6. 商务配套：法务、财务、人力资源、政策扶持申请、产品推广演示等
自贸壹号生物医药共享实验室	自贸壹号园区建成了公共研发实验平台、高标准共享 GMP 车间（CDMO 平台）、可拎包入住的精装实验室等设施，可满足医疗器械研发领域大部分的实验需求（如标准核酸实验室、病理实验室、化学实验室、微生物室、POCT 室、细胞实验室、通用实验室等 GMP 实验室、动物实验环评指标、上下水、排污指标等），委托生产需求（包括委托研发样品生产和委托批量生产）。项目方可以优先使用园区的各种硬件和配套服务，节省前期建设场地和组建团队的资金和时间成本（节省 1 年以上），有助于项目方将资金集中用于早期研发阶段，加快成果转化

资料来源：根据公开资料整理。

三是共同设立跨境的大型生物医药科研机构。支持粤港澳三地企业建立跨境研究机构，针对生物医药的基础研究、应用研究、实验发展等创新阶段建立科研成果转化全周期模式，对标知名湾区，提高成果转化率。推动政府充分发挥引导作用，对跨境科研机构给予配套的政策支持，包括资金、人员、数据、样本等便利通关及使用。加强战略性资源的对接、共享与增值利用，制定严格的风险防范机制，确保跨境资源的安全利用。优化生物医药基础研究、应用研究和试验开发经费投入结构，确保协同创新可持续发展。

四是建立完善的研发组织机制。从国内外的实践案例看，创新、灵活的研发组织机制是推动产业快速发展的重要力量。借鉴美国 DARPA 的经验，建立相对独立的新型研发机构的运作机制，确保研发机构的自主性、灵活性和高效性。建立“以科学家为核心”的体制机制，探索“自由探索选题+国家重大需求”的选题机制，让科学家及科研人员可以自由探索选题，自主选择最感兴趣、与国际前沿对接的研究课题。以科研项目的形式，鼓励跨国界的参与模式，主攻生物医药核心技术的突破创新。对生物医药的基础研究、应用研究和先期技术开发等阶段，给予针对性的资金支持。

专栏 6-3　美国 DARPA 是全球创新资源的“超级联系人”

美国国防高级研究计划局 DARPA 是集聚全球创新资源的“超级联系人”，DARPA 是直属美国国防部的一个创新研发机构，其独立、创新的体制机制值得借鉴。一是制定专门的法律保障机构的自主权和经费。DARPA 可直接向国防部长报告，通过较高的工资限额并下放人事权，能够从企业雇用具有丰富经验的项目经理，对重大突破性成果进行奖励，具有灵活的财权与人事权。二是跨国界的参与模式。DARPA 通过授权项目经理负责具体项目的人员招募、经费申请和项目运行等工作。例如，DARPA 的某项目成功招募到来自 5 个国家 30 余个大学、科研机构、企业的科研人员，在限定时间内攻克主技术难题。三是注重对应用研究和先期技术开发的创新阶段进行资金资助。DARPA 对基础研究、应用研究和先期技术开发尤为重视，其中大部分资金用于资助后两者的研发，即从技术方案的初步验证阶段到初级产品的应用场景验证阶段。

资料来源：根据公开资料整理。

同时，可以借鉴中国科学院深圳先进技术研究院的经验，该研究院的理事会治理机制、科教融合模式、产学研协同的“微创新体系”等创新经验，为国内发展中的新型科研机构提供了“深圳经验”和“深圳模式”。深圳先进技术研究院采用了理事会领导下的院长负责制，建立了市场需求导向的组织架构，充分激发了机构活力，提高了深圳先进技术研究院的工作效率。深圳先进技术研究院坚持需求引领，随国家和深圳市各时期的发展需求而变化，布局了健康与医疗、机器人、新能源与新材料、大数据与智慧城市四大领域，强化集成了创新的作用。

三、支持建设生物医药国际化临床试验中心

促进临床医学研究和发展是粤港澳大湾区生物医药协同创新的重要任务，现阶段，中央政府支持推出跨境快速通关措施，促进大湾区各地科研样本、实验试剂和遗传资源的流通。这些措施有助于香港发挥多家医药机构获得临床试验资质的作用，吸引国际、国内创新药企业等在大湾区开展临床试验，提升临床试验能力，打造大湾区国际化临床试验中心。

（一）大湾区建设生物医药国际化临床试验中心面临的挑战

目前，大湾区生物医药临床研究能力有待提升。中国药物临床试验主要集中在东部沿海地区及沿长江经济带，并呈现明显的梯队特征。截至2022年7月31日，中国累计拥有药物临床试验数量19187项，其中江苏省和上海市两地拥有的药物临床试验数量均超3000项，位列第一梯队，北京市、广东省、浙江省、山东省四省市拥有数量均超1000项，位列第二梯队①。当前国家药品政策鼓励方向正迅速转向以临床价值为导向，解决这一短板尤为迫切。从国际来看，在世界各主要国家参与临床试验比例方面，美国占77.5%，英国占43.0%，德国占42.6%，法国占39.0%，日本占19.7%，中国占9.4%，我国临床试验的参与度有待加强。2019—2020年，在承担临床试验的1078家机构中，两年内承担超过20项临床研究的

---

① 火石创造．中国医药健康产业创新发展地图［EB/OL］．［2022-08-26］．http：//www. phirda. com/artilce_28737. html.

机构不到机构总数的30%。我国机构承担国际多中心临床试验的经验较为匮乏，大多集中在龙头企业，仅有6%的机构承担的国际多中心临床试验超过20项。

我国临床试验水平与先进国家的差距主要体现在新药的临床试验方案设计、临床数据采集及保存、积极参与国际多中心临床试验及与主审机构的沟通等。目前，大湾区拥有206家三级医院，其中三甲医院达122家，占全国三甲医院总数的比例接近1/10，新药临床试验机构占全国的9.15%，也远远超过其他地区。但是，大湾区占据全国近1/10的临床试验机构，却只开展了全国2%的新药临床试验，仅仅相当于北京新药临床试验数量的1/9、上海的1/5。总的来说，大湾区的临床研究能力没有得到充分发挥。

（二）建设大湾区生物医药国际化临床试验中心

一是支持在大湾区建设生物医药国际化临床试验中心。开展药物的临床研究和试验，推进临床试验互通与新药上市，支持港澳与大湾区内地中心城市合作共建国际化临床试验中心，加强与国外企业的合作，推进境外新药在境内、境内新药在境外的同步临床试验。鼓励大湾区企业开展药物临床试验，发挥香港多家医药机构获得临床试验资质的作用，聚焦在细胞、基因等前沿领域发力，建立药物临床试验协作网络，推动相关医疗机构设立科研型病房，开展合规的药物临床试验研究。建立与国际接轨的一流临床医院，吸引国际、国内创新药、仿制药企业来大湾区开展临床试验，提升临床试验能力。支持大湾区建设临床研究医院，聘请国际专家，争取获得国际认证，开展全球创新药临床试验。为临床研究设计、实施、数据管理和分析、质量控制等各方面提供保障与支持。

二是建立大湾区临床试验基地，共享临床试验数据。探索建立“临床试验协作中心”，构建临床试验质量管控体系，依托大数据功能，搭建协作中心，建立政、企、学、医之间的临床试验数据联系，在大湾区选定药物临床试验基础较为成熟的城市作为据点，并建立大数据平台，在可公开的信息中及时共享进度，避免其他试验方重复操作，节省资源。对于已经存在或完成的临床试验，在其他机构想要进行延伸或拓展时，可以方便且快速地找到先前的操作机构进行探讨和交流，实现数据共享，提高临床试验的成功率。鼓励内地研究机构研究成果“走出去”，在香港进行评价、首用、验证，获得验证性的数据，加快进入国际市场的速度。

三是共建国际化临床试验中心。聚焦医疗领域的临床研究和试验环节，推进内地与香港两地临床试验互通，支持两地在河套、坪山等合作平台共建国际化临床试验中心，推动临床试验进程，推动医院临床学科与医学院基础学科以及大学的有关学科紧密结合，加强各方主体的合作与资源共享，推动先进医疗技术和产品的研究与临床转化。支持内地与香港共建世界领先的一期临床研究试验基地、临床医学研究中心。推动内地与香港的研究方案、临床研究伦理开展互认机制，进而加快国际互认。

四是共同打造临床重点专科集群。推动香港与内地药学临床、教学、科研和管理协同发展，加快大湾区临床医学优势学科建设，逐步形成具有鲜明专业特色的重点技能，打造具有国际影响力的临床药学重点专科集群，在全国发挥引领、示范和辐射作用。

五是加强与港澳生物医药的创新研发及产业融合。港澳是对外交流的窗口，可集聚国际创新人才和技术，形成国际创新联盟。大湾区医药领域携手联动，重视产学研转化，推动药物创新，解决未满足的临床需求。着力培育大湾区内 CDO 及临床研究方面优势企业和公共服务平台，包括小分子创新药、大分子创新药、细胞治疗产品的全链条服务。支持有能力的大湾区临床机构参与国际多中心临床试验，积极参与国际合作，不断提高临床试验水平，赶超国内国际先进水平。

六是试行真实世界数据（RWD）研究。根据 FDA（美国食品药品监督管理局）的定义，RWD 是指除了传统临床试验以外的数据，包括观察性研究、医保数据、患者报告甚至逸事报道。RWD 来源包括临床试验、电子医疗记录（EMR）或电子健康（EHR）、健康档案、登记研究、医保理赔数据、卫生监管数据、可穿戴设备、移动设备等收集的数据。建议大湾区内地城市符合条件的医疗机构争取试点开展 RWD 研究。充分发挥大湾区“药械通”的政策优势，把握临床真实世界数据研究应用发展的趋势和特点，对标国际通行制度和规则体系，建立一套符合大湾区国际医疗城模式的 RWD 研究指导性文件，加快 RWD 研究的制度建设。提出 RWD 研究设计应考虑的要素和数据质量评价方式，为大湾区医疗领域 RWD 研究提供重要支撑。

专栏 6-4　激光治疗机在博鳌乐城开展真实世界数据研究

2019 年 6 月，由国家药监局与海南省政府联合启动，探索将未在中国注册、经批准在海南博鳌乐城国际医疗旅游先行区使用的特许药械临床数据，转化为真实世界证据，用于在中国注册审批，推动国际最新药械加快在中国上市。截至 2022 年，先行区在真实世界数据应用方面，已有 24 个特许药械产品纳入临床真实世界数据应用试点，其中青光眼引流管、飞秒激光眼科治疗系统、普拉替尼、热蒸汽治疗设备、一次性使用前列腺热蒸汽治疗器械等 9 个特许药械产品借助真实世界数据研究获批上市，为我国真实世界数据采集、治理和应用提供了范例。

资料来源：根据公开资料整理。

四、推动粤港澳中医药协同创新合作

中医药是粤港澳大湾区重点发展的优势产业之一。粤港澳三地同属岭南文化的核心圈，中医药文化同根同源、相通相融，具有深厚的文化底蕴、广泛的群众基础和有利的传播环境，大湾区在我国中医药文化创造性转化和创新性发展过程中占有重要地位。

（一）粤港澳中医药协同创新的优势

一是政府高度重视中医药的发展。一直以来，广东高度重视中医药的发展，推出一系列重大政策举措。2006 年，率先实施中医药强省战略，中医药发展总体水平领先全国。当前，广东高起点部署推进新一轮中医药强省建设，大力推进粤港澳大湾区中医药高地建设。2021 年，实施《广东省中医药条例》，联合国家中医药管理局、粤港澳大湾区建设领导小组办公室出台《粤港澳大湾区中医药高地建设方案（2020—2025年）》，大力推动中医药发展。2021年，广东获批建设中医药综合改革示范区，在服务模式、产业发展、质量监管等方面先行先试，打造全国示范样板。截至2022年，广东省有三甲中医医院38家，二甲中医医院75家。建成1805家中医馆，基本实现乡镇（社区）全覆盖。基层医疗卫生机构中医诊疗量占比31.19%①。广东有132个中医及民族医类服务项目纳入省级医保诊疗项目目录，基层医疗机构开展慢性病、医疗康复等中医药服务实现医保报销。

二是大湾区积极推动中医药创新发展。广东在新一轮中医药强省及粤港澳大湾区中医药高地建设中，积极推动中医药现代化，通过科技赋能，以交叉学科推进中医现代化进程。广东拥有全国首个中医类国家重点实验室——中医湿证国家重点实验室，携手澳门科技大学中药质量研究国家重点实验室，成为带动大湾区中医药科研创新的"双引擎"。截至2022年，广东有2家国家中医临床研究基地、13家国家中医药管理局重点研究室，并拥有省中医药科学院、省中医药工程技术研究院、省中医骨伤研究院、省代谢性中西医结合研究中心等5家省级中医药科研机构，加快中医药科研创新发展。

"十三五"期间，广东承担国家"中医药现代化研究"项目11个、课题52项，立项数量在全国排名前列。2020年，实施"岭南中医药现代化"重点专项，利用现代技术与方法，围绕重大疑难中医优势病种防治、中药现代化、中医药关键技术装备等开展研究。未来，广东将继续推动中医药科学与现代科学相结合，加强中医药防治重大疑难疾病、常见病及突发病的临床研究，推动中药新药和中药装备研发。

三是香港的中医药发展优势凸显。香港医学研究在国际范围内享有较高的声誉，也是中西医药高度融会贯通的地区，香港可以作为以国际话语

---

① 广东省中医药局.【非凡十年看广东】高起点推动中医药高质量发展［EB/OL］.［2022-10-14］. http://szyyj.gd.gov.cn/zwgk/xxgkml/5/content/post_4029525.html.

推广中医药至全球范围的重要基地。自香港开埠以来，中医传统的汤方、针灸、推拿等治疗手段均在香港得到很好的保留和传承。目前，香港注册的中成药制造商有近250家，注册中成药8600多种，这些香港中成药在医疗保健中起着重要的作用。

（二）推动粤港澳中医药协同创新

基于中医药的独特优势，粤港澳大湾区需共同研究中医药传承创新发展重大命题，将粤港澳大湾区建设成为对全国中医药传承创新发展具有辐射带动和引领作用、对中医药走向世界具有重大推动作用的地区之一。

一是共同建立现代中药制造创新中心。开展中药新品种的关键技术协同创新研究。争取有确切疗效的中药品种在防治重大疾病（如代谢性疾病）中率先取得突破，加快解决中药开发利用标准化等关键技术和产业化，推动中医药走向国际市场。联合广药集团、华润三九等大型企业，携手香港、澳门高校共同建立中药制造创新中心，推动上下游形成产业链质量追溯管理体系，建立药材资源行业标准、中药配方颗粒与饮片行业标准。加快项目研发及成果转化，开展新药临床前研究及经典名方物质基准研究。推动中药智能制造关键技术发展，鼓励生产企业实现新增产业化应用生产线。

二是建设国际领先的中医药生产基地。重点依托粤澳合作中医药科技产业园GMP中试及生产平台等，支持中医药企业生产片剂、胶囊剂等多种剂型的中药产品，积极推动大湾区高标准中医药生产基地。支持港澳与大湾区内地城市中医药研究机构、中医药协会等加强合作，推动中成药在种植、制造等生产环节制定统一标准。

三是建设高质量的中医药成果转化基地。推动粤港澳中医药企业合作，缩短新药研制时间，提升中医药研制能力。促进科研机构开展产学研合作，积极引进香港、澳门等区域的中医药教授专家团队，推动中医药成果创新，加大扶持中药产品开发、产业转化力度。发挥大型中医药企业的引领作用，通过重点对接澳门大学、澳门科技大学、香港大学医学院等，促进中医药产学研成果在大湾区内地城市落地转化。

四是强化与港澳的中医药合作。推动建设中国中医药循证医学中心的香港分中心①，联动香港已有中医药硬件资源。以中医药循证医学中心为核心，支持香港更积极参与落实“推进中医现代化”的国家政策，利用香港国际化平台促进中医药国际化、利用香港中医药硬件推动中医药产业链现代化。在产业发展方面，逐步简化港澳传统外用中成药上市注册审批流程。在人才培养方面，培育和引进国际注册认证服务机构、熟悉境外法律法规和市场环境的国际医药注册认证人才，为粤港澳大湾区的中医药科技研发成果、创新药产品申请 FDA、CAP 等国际认证提供专项支持服务，创立并推动符合中药特征与规律的创新中药审评标准。

五是建设具有国际影响力的中医药服务贸易基地。2021 年，澳门《中药药事活动及中成药注册法》正式生效，可鼓励内地更多中药产品在澳门注册，以澳门为“精准联系人”，在横琴设立中医药交易、品牌孵化项目，积极拓展葡语国家及欧洲销售市场，建立健全国际销售网络。依托中国与葡语国家商贸合作服务平台，开展中医药国际注册、进出口贸易、教育培训等业务，提升国际影响力。同时，加强中医药文化国际交流，注重中医技艺理论和实践书籍的国际化流通。建立在海外开设中医药学院及医疗服务机构的运行机制，进一步发挥中医药治疗慢性病及在养生保健等方面的特色优势。

---

① 广东中医药局.【喜迎二十大】国家中医药局：粤港澳大湾区中医药高地建设取得系列成果［EB/OL］.［2022-09-28］. https：//szyyj. gd. gov. cn/zwgk/xxgkml/5/content/post_4021700. html.

第七章

粤港澳大湾区生物医药科技成果转化的协同创新

产学研用一体化是产业、教育、科研、应用等不同社会分工在技术与资源优势上的协同发展。2022 年，大湾区科技创新服务中心、华南技术转移中心、广州（国际）科技成果转化天河基地联合发布的《粤港澳大湾区科技成果转化报告（2022）》指出，近年来，粤港澳开展了一系列紧密科技成果转化与创新合作，推动港澳高校和科研机构承担广东省科技计划项目。粤港澳大湾区科技成果转化取得众多突破与成效，但仍存在一些问题，主要体现在高质量科技成果供给不足、粤港澳三地间科技成果转化规模偏小、源自港澳的创新创业外溢效应尚未形成、制约粤港澳联合项目的“瓶颈”有待进一步破除、专业化技术转移机构和人才依然比较缺乏等方面。加快大湾区生物医药科技成果转化，是推动大湾区生物医药协同创新的重要着力点。

一、加强大湾区高校与企业之间的协同创新合作

企业是市场创新的主体，高校是基础研究的重要力量、重大科技突破的策源地，推动校企协同创新是加快粤港澳大湾区生物医药协同创新的关键一环，是推动大湾区生物医药高质量发展的必由之路。

（一）大湾区生物医药成果转化的探索

加速科技成果产业化是创新研究的最终目标。科技成果转化是降低科技成果闲置率，促进技术运用和推广的重要步骤。从上海的经验看，为促进科技成果转化，2021 年上海市人民政府办公厅发布《上海市促进科技成果转移转化行动方案（2021—2023）》，提出从成果需求侧、供给侧、转化服务侧、技术市场生态方面，建设更高质量、更强功能、更大规模的技

术市场[①]。这是上海市的创新性举措，长三角地区在政策方面从不同角度切入，通过不同任务的设置推动科技成果转化制度逐步完善，激励各个类型主体成果转化积极性，但协同创新成果转化还是占少数。成果转化各主体独自进行成果转化时，普遍面临转化周期长，成果转化率低、效率不高等问题。大湾区高校及科研机构和企业在成果转化方面开展了积极探索，取得了一定的成效。

从深圳的经验看，主要有三种科技成果转化的路径。一是不同主体之间以课题、项目、学术报告等形式推动成果转化。如中国科学院广州生物医药与健康研究院，通过与中国科学院深圳先进技术研究院开展合作，形成相关的课题论文，与相关企业合作，培育科学家和科技创新成果、加快成果转化。二是成立专业化平台进行成果转化。如转化医学中心是深圳湾实验室重点建设的新药转化研究专业化平台，深圳湾实验室通过建设国际领先的转化医学研究中心，促进基础科研创新的转化和应用研究，创新生物医药研发模式，组建和培育具有国际竞争力的新药研发团队，打造高规格的临床前药物发现和临床开发平台，建立“从实验台到病床边”的新型药物研发模式，探索生物医药转化研究关键核心技术攻关的“深圳路径”。三是建立科研机构+市场需求相结合的模式，推动产业化“源头对接模式”的发展。例如，中国科学院深圳先进技术研究院作为新型科研机构，构建面向产业和市场需求的成果转化体系，以应用需求牵引科研，面向市场需求，将立足科技前沿的探索与形成产业创新的源头联系起来，推动科学知识与商业价值相结合。再如，深圳先进院医学影像中心团队与上海联影医疗公司开展战略合作。自2010年开展合作以来，深圳先进院医学影像中心与上海联影医疗公司的联合团队研发出我国首台具有完全自主知识产权的3. 0T磁共振成像设备。此后，双方将在5T、7T磁共振等新技术研发方面继续保持深入合作[②]。

---

① 中华人民共和国科学技术部．上海市促进科技成果转移转化行动方案（2021—2023）［R］. 2021-06-30.

② 中国科学院深圳先进技术研究院．深圳先进院知识产权工作成果亮眼［EB/OL］.［2020-04-26］. https：//www. siat. ac. cn/yw2016/202004/t20200426_5563870. html.

从香港的经验看，香港各大高校及科研机构积极推动科研成果转化，其中香港城市大学在不断探索中建立了创新模式，取得了突出的成效。“HK Tech 300”项目于2021年启动，是香港城市大学推动科研成果转化成功的典型案例，也是由香港城市大学推出的一项大型创新创业计划，助推香港城市大学的学生、校友、科研人员以及其他人士成立初创公司，将香港城市大学的研究成果及知识产权转化为实际应用，其核心是激活高校的专利，加快香港科技成果转化。其经验做法主要体现在以下几个方面。

一是推动高校知识产权开放共享。“HK Tech 300”项目的参与对象包括香港城市大学的学生、校友、科研人员以及有意使用知识产权或技术成立初创公司的人员。香港城市大学在知识产权方面的总体实力强大（见表7-1），已经入选美国国家发明家科学院全球顶尖100所获颁最多美国专利的大学，在2020年居全球第51位，连续五年排名香港高校第一。“HK Tech 300”项目实施中，香港城市大学将1354个知识产权公开，在高校官网平台公示知识产权一览表，项目参与者可以高效获取高校相关知识产权的详细信息。知识产权面向市场充分开放，激发了市场创新主体的积极能动性，有效推动了高校知识产权的成果转化。

表7-1 香港部分大学专利授权排名

年份	大学	排名	获得美国专利数量（项）
2020	香港城市大学	51	54
	香港中文大学	79	37
2019	香港城市大学	54	49
	香港中文大学	71	41
2018	香港城市大学	63	38
	香港中文大学	93	26
	香港科技大学	98	25
2017	香港城市大学	58	44
	香港科技大学	93	28
2016	香港城市大学	54	43
	香港科技大学	76	33

资料来源：根据公开资料整理。

二是充分调动高校学生的积极性。相对于高校教授，高校学生尤其是博士学生更具有创新创业的积极性。由于高校教授往往更注重发表高质量的论文，在科研成果转化方面缺乏动力，因此，高校学生尤其是博士学生更有动力将高校的知识产权进行成果转化。

三是在不同的阶段给予创新创业资金支持。“HK Tech 300”项目计划提供创新企业招募及培训、播种、培育、发展四个不同发展阶段的孵化（见表 7-2）。香港城市大学为该项目拨出 5 亿港元，是亚洲内大学中资金支持力度最大的，提供创业培训资金、10 万港元种子基金、高达 100 万港元天使基金、1000 万港元的资助等，这些资助方式更加具有针对性，并且与项目可行性发展相结合，资金利用更加高效。

表 7-2 “HK Tech 300”项目助推城市大学成果转化

阶段	支持举措	支持资金
招募及培训	设有信息讲座及联系聚会，为所有参加者提供 8 星期免费培训课程；促成项目队伍组成	所有合格参加者将获得资助参加价值 1 万港元的培训课
播种	将提供体验营及工作坊，每个获选的项目团队可将创新意念转化成为创立公司	可获 10 万港元种子基金的资助
培育	学习制订商业计划简报、知识产权授权、最小可行产品	获选项目团队可获天使基金投资，最高达 100 万港元用以发展及验证公司的营运模式
发展	成功申请其他外来基金的初创公司，进一步发展成为创新科技企业	推荐获选团队申请政府及科技园等高达 1000 万港元的创业基金

资料来源：根据公开资料整理。

四是联合政府、企业、法定机构等促进科研成果转化。在“HK Tech 300”项目推动过程中，香港城市大学与华润创业共同成立科创投资平台，双方签署合作备忘录，促进初创企业项目产业化，首期投资规模共 1 亿港元，推动项目产业化、商业化，培育有潜力的初创企业成为独角兽。并且，香港城市大学与作为法定机构的科技园签署合作备忘录，科技园将为双方共同甄选的合资初创队伍提供种子基金等支持，双方合作投资初创项目。截至 2023 年 3 月，香港城市大学联结 80 个合作伙伴，包括创新科技署、投资推广署、香港数码港管理有限公司（数码港）、四大商会、工商及创科业界、专业机构等，为初创团队提供多元化专业服务及创业支持，形成了初创生态圈。

专栏 7-1　香港高校与生物医药企业共同推动科研成果转化

香港中文大学（深圳）—力牧生物联合实验室成立于 2022 年 9 月。联合实验室由港中大（深圳）理工学院孙正隆教授担任主任，张焯然教授担任副主任，力牧生物科技有限公司总经理郭春明博士担任顾问。积极响应国家“种业振兴”发展策略，联合实验室将依托港中大（深圳）在人工智能与机器人开发方面的技术与人才优势，结合力牧生物拥有的牛胚胎移植、体内冲胚、活体采卵等相关专利和技术以及测试和生产、市场优势，组建研发团队，成立联合实验室，合作开发牛胚胎移植、体内冲胚、活体采卵的自动化设备。

资料来源：香港中文大学（深圳）. 香港中文大学（深圳）-力牧生物联合实验室［EB/OL］.［2020-04-02］. https://www.cuhk.edu.cn/zh-hans/article/8563.

（二）大湾区生物医药成果转化存在的主要问题

生物医药成果转化是大湾区生物医药协同创新的关键环节，是打造国际科技创新中心的重要路径，现阶段，与国际先进地区相比，大湾区生物医药成果转化力度有待加强，面临产学研用衔接不足、生物医药龙头企业带动乏力等问题，需继续优化解决，加快成果转化。

一是产学研用衔接不足，协同不够。目前大湾区生物医药企业需求与科研院所对接效率较低，科研成果转化率较低，企业、高校、医疗机构之间的产学研用尚未紧密结合。香港在生物医药领域的基础研究能力较强，科学论文数量在世界上排名前列，但生物医药科研成果转化率较低，科研成果往往停留在论文发表层面，申请专利及转化成产品的动力不足。从深圳看，虽然市场发展环境较发达，但是由于高等院校和医院相对较少，生物医药科研成果自主知识产权不足，临床试验单位少，生物医药科研成果转化率较低。此外，大湾区生物医药对“高校-企业”依存度不高，缺乏可持续合作项目，部分高校项目脱离市场竞争，导致研究成果转化率低。此外，由于过于重视科技研究而忽视开发，试验设备落后，下游技术特别是生产工艺改进水平较低，临床试验不多，对项目研发、临床测试、认证申请、产品上市等全链条的创新服务有待完善等，同样制约了产学研用协同创新效益。

二是生物医药龙头企业不多，不利于推动生物医药协同创新。大湾区集聚了广州医药、白云山医药、华大基因、华润三九医药、迈瑞生物医疗联邦制药等一批医药上市公司。但是总体上龙头企业及跨国企业数量不多，大部分为中小微企业，这些企业与龙头企业的协同创新总体上较少。2022 年，根据《毕马威中国生物科技创新 50 报告（第一届）》[①]，在 50 强企业中，粤港澳大湾区只占了 23%，其中深圳 11 家，广州 7 家，佛山、中山分别有两家，远低于长三角地区，长三角地区 50 强企业占比为 61%。从城市来看，63%的上榜企业来自上海、杭州、北京、深圳四地，它们是上榜企业的主要集聚城市。其中有 23 家上榜企业来自上海，杭州上榜企业为 18 家，北京为 11 家，分别排第二、第四位，这些城市以政策支持、专业人才培养、生物科技产业园建设等优势持续发力，吸引更多的优质生物医药企业入驻，显示出以上海为龙头的长三角地区正成为国内生物医药公司的集聚高地。大湾区与长三角地区在龙头企业集聚方面还存在一定的差距，龙头企业对协同创新发展的作用有待进一步加强。

（三）推动大湾区生物医药成果转化

一是支持生物医药龙头企业推动科研成果转化。龙头企业是推动生物医药科研成果转化的重要主体，建议大湾区积极引进一批龙头企业，带动生物医药协同创新发展。从上海、苏州等地产业快速发展的经验来看，尽快引进龙头企业是关键。可发挥港澳联系国际的作用，重点吸引国内外排

① 核心的评价包括技术和产品的领先性、产品管线中丰富度和原研产品比例、核心管理团队和研发团队组成、资本市场活跃度、财务健康水平等。

名处于领先地位的生物医药企业，在大湾区设立生产基地或者研发基地，加强与大湾区高校的合作，强化高校院所与大湾区生物医药龙头企业之间的产学研合作，构建校企创新联合体实体机构，推动生物医药成果转化，带动产业链上下游企业配套服务优化。

专栏 7-2　天津港保税区管委会与罗氏集团合作

罗氏集团是一家拥有 100 多年历史的家族公司，在生物制药、医疗诊断领域是行业先驱，作为行业龙头企业，罗氏集团可引领、推动医药成果转化。2021 年 11 月，天津港保税区管委会与罗氏制药公司就双方合作达成明确意向，双方在上海签署合作备忘录，在个体化医疗研究、“临床急需进口药品绿色通道”建设、“医疗+金融”联动创新、医疗健康数据应用解决方案、医疗健康数据赋能创新人才培养及产品孵化 6 个领域开展深层次的战略合作。

罗氏集团将依托自贸试验区先行先试优势，引进更多国际创新药物、先进医疗器械和技术，应用于临床治疗，让更多患者不出国门即可享受到国际最新科研成果。罗氏集团还将充分发挥“天津自贸试验区国际创新个体化医疗研究院”作用，与天津市肿瘤医院、天津医科大学总医院等医院加强协作，在天津自贸区搭建临床研究、医疗数据应用及成果转化的创新平台，实现更加精准有效的个体化医疗，引领带动未来生物医药产业发展方向。

资料来源：根据公开资料整理。

二是支持科研院所和高校开展源头创新，鼓励企业加强技术创新。聚焦世界生物技术发展前沿、新药品种及相关生物技术，统筹布局创新资源要素。支持生物医药优势企业建立研发机构，提升生物医药技术公共实验室产业化的转化能力，加快形成科研转化高端平台，加强生物产业技术创新联盟建设。鼓励香港涉及生物医药的国家重点实验室与大湾区内地企业共建分支机构，支持澳门中医药重点实验室等与大湾区更多企业合作建立研究院，加大生物医药的产学研融合力度，协助科研院所加快科技成果转移转化。

专栏 7-3　港大深圳医院建设转化医学研究中心

依托港大深圳医院，建设转化医学研究中心（河套），项目总投资 1 亿元，占地面积 2500 平方米。建设内容包括以下几个方面。

一是基础研究平台：建成具有国际领先水平的系统化、规模化、集成化、开放共享的基础及转化医学研究设施。

二是转化医学支撑服务体系：支持临床疗效验证、创新新药开发及治疗、关键临床技术转化应用等服务平台。

三是主要疾病领域研究中心：围绕国家健康战略，结合香港大学优势学科领域，确定首期疾病研究领域：肿瘤、生殖健康，移植免疫；后期计划：3D 生物材料、神经医学、疫苗研发。

资料来源：根据公开资料整理。

值得注意的是，生物医药成果转化需要从企业的需求出发，结合港澳高校、国家重点实验室的优势领域，充分发挥港澳技术转移机构、工程技术中心的作用，通过自创公司、技术转让、联合研究、共建实体等方式，加强与内地的企业合作。支持内地高校、科研机构建设多元化的科学成果转化机构（如技术转移中心等），及时了解企业需求，抢抓市场先机，以需求为导向，开展高校与企业之间的科研合作，在技术、资金、人才等方面形成全方位的“政产学研用”合作全链条。鼓励港澳高校教授、科研人员与企业合作，深度参与企业研发工作。借鉴大疆、商汤等香港高校孵化企业的模式，由港澳高校学科带头人组建团队，创建生物医药企业，将企业市场开拓、辐射带动等发展战略以大湾区内地城市为重点区域加快落地实施，构建粤港澳大湾区生物医药“基础研究+技术攻关+成果产业化+科技金融+人才支撑”全过程创新生态链。

三是完善高校考核机制，推动科研成果转化。探索率先适当降低科研论文在高校考核体系中的权重。高校自然科学的高质量论文是研发创新突破的重要基石之一，2022 年，中国科学技术信息研究所发布的《中国科技论文统计报告》显示，我国热点论文数量首次升至世界第 1 位。但是由于科研论文等学术成果是高校的主要考核指标，导致高校、科研机构的科研人员将主要精力放在发表高水平的学术论文上，对于科研成果转化并不十分关注，并且新技术的产业化、商业化等并非科研人员所擅长。生物医药企业也难以及时发现高质量的论文，因此，建议探索率先适当降低科研论文在高校考核体系中的权重，转变高校以科研论文为主的考核观念，提高高校科研人员及科研服务人员推动成果转化的积极性。进一步发挥科研转化机构的市场推动作用，推动高校论文数据库向企业共享，与企业市场需求精准匹配，打通高校与企业之间的桥梁。

四是推动香港与内地生物医药科研成果转化合作。发挥大湾区高校、国家重点实验室等平台和资源优势，构建医学科技创新协同网络和医疗人才培训交流平台，开展高质量研究和转化项目。聚焦肿瘤、生殖健康、器官移植等重点疾病以及 3D 生物材料、神经医学、疫苗研发等，开展临床疗效验证、新药开发及治疗、关键临床技术转化应用研究。建立“专利+估值”的成果转化机制，激活大湾区内地与香港医疗领域的“沉睡专利”，以市场需求为导向，引导专业服务机构发掘其成果价值并进行转化，推动大湾区专科医院与香港高校合作共建研究院，推动高校与医院开展临床培训及学术课题合作，加强护理、管理、科研骨干培训和学术交流。支持大湾区内地企业与香港企业共同申报“生物医药全国重点实验室”。联合香港高校共同建立国家重点实验室，围绕脑科学领域，积极参与国家重大科技计划，力争在科技成果转化方面取得重要进展。

专栏 7-4　海南乐城医工转化平台：打造医学成果转化创新生态体系

2023 年 2 月，乐城医工转化平台在博鳌乐城国际医疗旅游先行区内开工建设，项目总投资约 16 亿元，预计 2024 年 12 月底竣工。作为乐城先行区首个医疗科技创新公共平台，建成后将助力乐城打造开放共享科研高地，聚集院士专家团队、医疗机构、药械企业等多方资源，加速医学成果从“储备池”转型升级至“孵化台”。

目前，中国医学创新联盟、温州医科大学附属眼视光医院瞿佳团队、上海交通大学医学院附属瑞金医院海南医院（海南博鳌研究型医院）等国内多个知名专家团队和头部企业纷纷布局乐城医工转化平台。如蔡司、波士顿科学、强生、诺华等一批国内外头部企业已与乐城达成合作意向，参与乐城医工转化平台建设。海南人遗审批服务中心、国家临床医学创新中心等校、企、医、监、研各类创新要素集聚乐城，让乐城先行区形成更大的虹吸效应，为实现医疗装备关键核心技术突破，打造高质量的医学成果转化创新生态体系提供支撑。

资料来源：根据公开资料整理。

二、健全大湾区专业化生物医药技术转移服务机构

技术转移服务机构在推动生物医药成果转化中发挥着重要的作用，能够加快科技成果转化，为企业提供高效、专业的技术转移服务，推动产学研深度融合。创新药物是生物医药发展的核心竞争力，也是创新技术攻关难点，需要公共研发服务平台的支撑与推动。目前，大湾区生物医药外包产业具有一定的优势，拥有部分研发生产外包服务企业，但与江苏、上海、北京等地相比，还存在较大的差距，缺乏大型、专业的 CRO（医药研发合同外包服务机构）、CDMO（医药合同研究生产组织）等服务机构。健全专业化生物医药技术转移服务机构，对于大湾区集聚国际高端的医药外包服务企业、促进科研成果转化具有重大的推动作用。

（一）生物医药技术转移服务机构存在的主要问题

一是研发服务外包机构数量不多。大湾区生物医药外包产业具有一定的优势，在 2009 年成立了生物技术外包服务联盟，生物医药研发外包服务资源丰富，包括中国科学院广州生物医药与健康研究院、达安基因股份有限公

司、广州博济新药临床研究中心等，但与江苏、上海、北京等地相比，还存在较大的差距。大湾区只有部分研发机构承担零散的研发外包业务，如东莞松山湖南方医大实验动物资源平台、广州中医药大学中医药数理工程研究院、中大南海海洋生物工程中心等①。大湾区生物医药的研发服务机构与能力整体水平在国内仍处于跟跑阶段，未能形成合力和集聚效应。目前，专业化的 CDMO 主要集中在江浙和山东两地，大湾区的 CDMO 数量较少，发展缓慢，创新药方面的 CDMO 更少。此外，大湾区比较缺乏大型、专业的 CRO，较大规模的上市 CRO 屈指可数，CRO 产业发展远远落后于江苏、上海、北京，江苏、上海、北京的外包服务研究机构占全国总量的 75%，而广东省仅占 12%，且缺乏临床 CRO 龙头企业②。

专栏 7-5　博济医药提供 CRO+CDMO“一站式”外包服务

博济医药科技股份有限公司（简称“博济医药”）创建于 2002 年，2015 年在深圳创业板上市，注册资本金 3.68 亿元，是一家为国内外医药企业提供药品、医疗器械研发与生产全流程“一站式”外包服务（CRO+CDMO）的新型高新技术企业。2022 年，博济医药已发展成为以临床试验为主要业务的 CRO 上市公司之一，公司获得了中国医药外包公司十强、中国医药质量管理协会 CRO 分会会长单位等多项荣誉称号。

博济医药“一站式”服务包括：新药立项研究和活性筛选、药学研究（原料、制剂）、药物评价（药效学、毒理学）、小分子创新药一体化服务、临床研究、中美双报（注册服务）、CDMO 生产（MAH 落地）、技术成果转化等，涵盖了新药研发各个阶段。截至 2022 年，博济医药已累计为国内外约 1500 家知名医药、医疗器械企业等提供了服务，

---

① 胡明东．生物医药大时代［M］．北京：社会科学文献出版社，2019.

② 广东省药品监督管理局，国家药品监督管理局南方医药经济研究所．粤港澳大湾区生物医药产业发展报告（2022 版）［M］．北京：中国医药科技出版社，2023.

累计为客户提供临床研究服务1100多项，与近700家临床试验服务机构开展合作，通过公司提供的临床研究服务助力客户获得新药证书约70个，生产批件100余项，医疗器械注册证20余个。

资料来源：根据公开资料整理。

二是研发服务机构总体水平有待提升。从整个产业链看，大湾区在提供药物研发、临床前动物实验等临床前研究服务节点上相对集中，而在临床试验CRO服务和药品上市后四期临床研究等环节与国际水平存在较大差距，临床试验CRO服务亟待加强、优化。目前大湾区内地城市已经成立较多的医药信息咨询机构、管理顾问公司、专利代理公司、产权交易机构、风险投资机构等，但往往规模较小，服务水平有待提升。港澳与内地合作发展生物医药产业，在缺乏境外合同生产组织、合同研究组织、合同注册组织、合同销售组织等生物医药科技服务机构的支撑与推动的情况下，药物筛选平台、非临床药效评价平台、制剂平台、药物安全评价研究等机构的协同服务水平也有待提高。

（二）健全大湾区生物医药技术转移服务机构

一是建立专业化技术转移服务机构。支持粤港澳三地整合资源，以生物医药领域的技术转移为服务内容，自建或联合市场化、社会化服务机构。引入更多香港的专业技术转移机构，逐步提高专业服务能力。支持大湾区高校与头部生物医药企业合作设立技术转移转化机构，开展药物的临床研究和试验环节研究。建立包括PE/VC机构、药品和医疗器械注册服务等中介服务机构，完善大湾区生物医药转化服务平台。加强与丹麦—瑞典生物医药谷等生命科学集聚区的合作，针对欧美高校成立技术成果转化孵化器，加强与加利福尼亚大学旧金山分校医学院、加利福尼亚大学伯克利分校等知名高校的合作，深化与香港大学、香港科技大学等优质高校的创业营、孵化器、技术成果转化中心合作，合作建设生物医药离岸创新创业中心。

专栏 7-6 促进医药科技成果转移转化的“华西模式”

华西医院在成果转移转化方面不断创新体制机制，不断完善医药技术转移体系，充分发挥华西医院的资源整合优势和科技引领作用。医院组建了专业化的技术转移服务机构和团队，内设技术转移办公室，负责医院知识产权管理与保护、对外科技合作管理和成果转移转化。并且，华西医院与省区市政府联合组建“四川西部医药技术转移中心”，作为开展科技成果转移转化服务工作的重要平台，通过提供科技中介服务，整合科技成果转化关键创新资源。

资料来源：中华人民共和国国家发展和改革委员会．全面创新改革试验百佳案例之二十六，促进医药科技成果转移转化的“华西模式”［EB/OL］．［2018-11-30］．https：//www.ndrc.gov.cn/fggz/cxhgjsfz/dfjz/201811/t20181130_1159279_ext.html.

二是建立生物医药国际技术转移经理人队伍。引进国际技术转移经理人，建立全球技术经理人网络，打造生物医药技术转移高端人才库，加快生物医药科技成果转化工作。培育技术转移经理人，鼓励大湾区高校开展技术转移经理人专业教育，加强与国际化技术转移联盟的战略合作，完善系统性的培养模式，优化技术转移职业资格认证体系，培养技术转移后备人才。

三是建立协同创新技术服务平台。鼓励境外 CDMO、CRO、合同注册组织（CRA）、合同销售组织（CSO）等生物医药服务机构进入大湾区内地城市发展，推动内地医疗机构、企业与境外 CDMO、CRO 等组织合作，提升生物医药机构服务水平。建立健全药物筛选平台、制剂平台、实验动物中心、非临床药效评价平台、药物安全评价研究中心等，完善协同创新的关键链条。

专栏 7-7 “张江药谷”生物医药专业研发服务外包集聚

研发服务外包是衡量产业创新研发能力的重要指标，也是做强研发的重要抓手。“张江药谷”已经成为全国生物医药专业研发服务外包集聚度最高、最活跃的两大地区之一。上海市研发外包服务项目数量在全国登记合同总数的占比一直保持在20%以上。“张江药谷”早期积极引进罗氏、安进等跨国药企，通过龙头企业带动产业上下游发展。此后，围绕产业链“查漏补缺”，积极完善CRO等配套服务产业，并大力推动公共技术服务平台建设（涵盖了检测分析、药代、药效评价、病理、病理分析评价、质量评价等领域），逐步形成了较为完备的产业链。尽管张江的房租和人力资本都比较高，但创新全过程都可在张江一个地方完成，大大降低了创新的综合成本，减轻了企业的负担。

资料来源：根据公开资料整理。

三、优化大湾区生物医药科技成果转化机制

科技成果转化机制对于集聚资本、技术、人才等科技创新资源要素起到重要作用，有助于提高科技创新公共服务的供给质量，推动产业链的资源整合，健全大湾区生物医药科技成果转化机制，是大湾区生物医药创新链流程优化、价值提升的重要之举。

（一）国外生物医药成果转化的经验借鉴

成果转化力度不足尤其是科技成果转化不够充分一直是大湾区科技创新中较为突出的问题。美国、日本等在科技成果转化方面具有丰富的经验。从美国、日本等国家的经验看，“产学研用”融合的机构设置、融合方式、激励机制、法律保障等方面值得粤港澳大湾区借鉴，有助于加快国际科技创新中心建设。

一是推进成果转化的专门机构多元化。日本的科技成果转化率高达80%，其主要原因之一是有专门的机构推进“产学研用”深度融合，包括新技术事业团以及大部分大学设立的技术转移中心，负责科技成果管理和转化。美国大多数高校也设立了技术转移办公室，搭建了高校与企业之间的桥梁，推动“产学研用”深度融合发展。

二是建立具有激励性的成果转化机制。美国通过激励性的利益分配机制，激发科研人员的科技成果转化活力，尤其是1980年颁布的《拜杜法案》，以专利的商品化激活创新研发，对于政府资助进行的研发，将研发成果的所有权从政府转移到与政府签订合同或授权协议的大学、非营利性研究机构和企业中。这种分配机制促进了美国各个创新主体之间的“产学研用”深度融合。因此，要建立体现创新要素价值的收益分配机制。针对跨区域的生物医药科研项目，完善市场评价机制，按贡献决定报酬，鼓励创新企业按创新要素贡献参与分配的办法，丰富协议工资、项目工资、项目收益分红、股权激励等多种分配方式。借鉴美国《拜杜法案》做法，允许私人部门享有政府资助科研成果的专利权。同时，鼓励高校、科研院所与发明人或者发明团队之间，分享共同申请知识产权的权利和职务发明专利所有权，以股份或者出资比例方式进行奖励。

三是鼓励成果转化的方式多样化。在美国，成果转化的方式多种多样。第一是高校自办企业方式，通过高校科技成果的所有者自行创办公司，实现技术的市场化。第二是技术转让方式，包括技术许可使用和技术的直接转让，主要通过对技术专利的专业经营实现。第三是联合研究方式，由政府、企业与大学围绕基础性应用研究和高技术领域的一些前沿研究，共同展开技术使用活动。第四是共建实体方式，由高校与其他机构、企业共同建立技术转化平台或载体，协同促进成果转化。

专栏 7-8 深圳湾实验室建立成果转化平台

转化医学中心是深圳湾实验室下设的科研机构之一，于 2019 年筹建，截至 2022 年，实现了从立项到靶点验证筛选优化、临床前候选药物的确立、全流程全链条的新药研发能力的建设，并自主研发立项 21 个新药研发项目，初步形成 8 个重点项目，覆盖癌症、代谢类疾病、神经退行性疾病和抗感染的新药研发管线。2022 年，深圳湾实验室坪山生物医药研发转化中心与鹏城实验室神农平台签订合作协议，双方计划在五年内，建立基于国际前沿人工智能算法的深度智能药物设计研发平台，实现对国际领先的多肽及小分子创新药物研发技术的突破及赶超，并建立高质量智能药物研发数据库。

深圳湾实验室已经成为深圳发展生物制药产业重要的创新载体。2021 年，实验室在系统生物学、计算化学、化学合成、药物开发、单细胞分析等学科领域引进了一批具有国际竞争力的、具有成功产业转化经验的全职专业人才，目前在职人员 1000 多名，科研人员占比超过 85%。

资料来源：王海荣．深圳重点实验室推动核心关键技术“从 0 到 1”突破 | 深圳创新热力图［EB/OL］.［2022-05-17］. https：//www.dutenews. com/shen/p/6763130. html.

（二）优化大湾区生物医药成果转化机制

一是建立“市场主体出题+高校及科研机构答题”的成果转化机制。支持大湾区向全球公开征集并确定技术攻关课题，提出科研攻关题目，聚焦前沿领域，由大湾区相关高校、科研机构等单位申请承担。支持香港与大湾区内地城市共建科研成果转化平台，收集政府部门、企业等机构与科技相关的需求，并让香港初创企业与高校及科研机构等通过平台发布创新科技方案，强化成果转化的供需配对。进一步吸引香港高校、科研机构等优势科研力量参与大湾区及内地科技计划项目，强化科研成果转化协同合作。

二是充分“用足用好”高校、科研机构的知识产权。支持大湾区高校在生物医药领域推动知识产权向内地进一步开放。以香港高校为例，目前，香港创新科技署“创新意念·汇聚香港”网站已经公示香港高校及科研机构的研发成果，应与国家知识产权局等相关网站进行链接，加大对高校知识产权的宣传力度。重点依托粤港澳创新创业知识产权综合服务平台等，加大高校科研成果的宣传力度，加快香港科研成果转化。

三是实现香港高校及科研机构知识产权价值最大化。香港的基础研究能力强，知识产权含金量高。通过建立知识产权转化的激励机制，在内地加大宣传力度，重点在大湾区各城市知名创新创业大赛中推广，鼓励内地更多市场主体关注香港高校及科研机构的科研成果。借鉴香港城市大学的经验，根据知识产权转化的不同情况，鼓励香港高校及科研机构采用部分“统一定价”或者部分“先使用后付费”等形式，将知识产权以较低价格授权给初创企业，通过协议约定，在初创企业发展壮大甚至上市后，知识产权所有人对转让的知识产权专有权或者使用权作价入股，推进知识产权与产业发展融合，加速知识产权成果转化，实现知识产权价值的最大化。

四是支持香港与内地共建技术转移中心。支持内地龙头企业特别是大湾区的港资企业与香港高校及研发机构联合设立技术转移中心，推动知识产权跨境服务体系建设，支持香港及国际知识产权服务机构在大湾区落户，建立香港知识产权服务机构“白名单”，为香港与内地科研成果转化提供全链条所需的评估、对接、金融、财会、法务等专业服务。

五是建立大湾区生物医药成果转化交易平台。鼓励孵化企业及本地头部企业的新增产能留在大湾区。建立新型转化平台，以临床需求为先导，推动建立药械创新格局，提升符合生物医药创新链条所需的研发、临床试验、注册、检测等服务能力。设立生物医药知识产权估值机构，强化专利价值评估、盘点、商业化分析，为生物医药企业提供知识产权估值服务。在高校和科研院所转化方面，建立有效的科研成果评估和转化体系，在知识产权保护方面形成全生命周期的交易机制。促进研究机构在大湾区内进行知识产权交叉授权，在科研阶段将生物技术类知识产权开放使用，在转化产生收益的阶段对知识产权进行确认与估值。支持科技成果发明人自主决定交易对象、转化方式、转化价格的科技成果处置制度，从协同创新的机制上推动科技成果转化。

六是建立高校与企业的协同合作、服务机制。借鉴慕尼黑、波士顿等地的经验，大力推动与国内国际科研院所开展广泛技术合作，完善市场主体与科研院所合作机制，通过合作课题、共建国内国际新型研发机构、工程技术中心、技术研发中心等形式深化产学研合作。鼓励大湾区高校、科研院所、职业学校与研发总部合作开展技术攻关并保护双方知识产权。对在生物医药重点领域承担政府组织实施的科技计划的项目给予支持。

专栏 7-9　法国里昂生物科技园统一管理协调成果转化

借鉴法国的经验，在法国里昂生物科技园中，园区依靠协会制的完全市场化运作，推动成果转化。园区设有由园区企业、研究机构、公立医疗机构和政府机关代表组成的理事会，其产业项目均由拥有技术及专利的个人或企业通过园区公共网上平台申请技术成果转化项目发起，政府注入资金，理事会统一协调分配资金资源和管理技术服务。这个机制是法国独有的运营机制，四方主体互相协作，探索合适的管理体系并加以应用，提升了成果转化效率，成果转化申请的汇总和统一管理协调的资金分配打破了传统流程的烦琐步骤，有效节约了资源，增强了过程的公平性。

资料来源：根据公开资料整理。

第八章

粤港澳大湾区生物医药服务体系的协同创新

推动粤港澳大湾区生物医药协同创新发展，需要系统完整的产业服务体系，如果缺乏良好的服务生态，将难以吸引境内外优质的生物医药资源集聚。因此，围绕创新关键环节，建立生物医药科研服务的一站式服务平台，加大生物医药协同创新的资金支持力度，引进培育生物医药领军及专业人才等，是完善大湾区生物医药服务体系协同创新的重中之重。

一、建立生物医药科研服务的一站式服务平台

一站式服务平台是生物医药协同创新的重要载体，通过整合院校、科研院所、重大企业、医疗机构、金融机构等生物医药产业链上的优势资源，可以为创新主体提供全链条、综合性、一站式、专业化生物医药服务，支撑大湾区生物医药技术协同创新能力提升。

（一）大湾区生物医药服务存在的主要问题

一是生物医药协同创新的服务平台功能急需完善。生物医药协同创新的服务平台是产业链协同创新不可缺少的。大湾区生物医药产业园区众多①，深圳坪山区正率先对标 ICH② 标准，推进生物医药专业园区建设。ICH 园区以打造协同创新链条为导向，形成 ICH 规则下领先全球的药物研

---

① 中国新闻网．生物医药资源加速聚集　专家支招设大湾区创新“新硬核”［EB/OL］．［2021-05-20］．https：//www.m.chinanews.com/wap/detail/zw/gn/2021/05-20/9481384.shtml.

② ICH 是“国际人用药品注册技术协调会”，被誉为“生物医药界的 WTO”，它将美国、欧洲、日本和中国等主要国家、地区审评药品和医疗器械的技术标准统一起来，使各成员之间的动物实验、临床试验和生产数据能够互相采用，避免药企的重复试验和重复数据提供，加速医药产品在 ICH 成员间的相互进入。

发生产生态圈，集聚国际一流的生物医药人才、技术、研发成果等创新要素，推动创新要素流通转化。虽然粤港澳大湾区有 7 个园区进入生物医药产业园区百强名单，但总体上，这些园区在协同创新的服务功能供给上还存在缺失。此外，对项目研发、临床测试、认证申请、产品上市等全链条的协同创新服务也有待完善。

二是大湾区领先全国的生物医药园区相对较少。产业园区是为生物医药提供综合服务的重要平台。根据中国生物技术发展中心公布的《2022 中国生物医药产业园区竞争力评价及分析报告》①，进入前 20 名的广东园区只有深圳高新技术产业园区、广州高新技术产业开发区 2 个，江苏则有 6 个，如表 8-1 所示。并且，大湾区缺乏国家级的生物医药产业发展平台，总体上仍有较大的提升空间。

表 8-1　2021 年国家生物医药产业园区综合竞争力前 20 强

排名	园区名称	所在省市
1	中关村国家自主创新示范区	北京
2	苏州工业园区	江苏
3	成都高新技术产业开发区	四川
4	武汉东湖新技术开发区	湖北
5	上海张江高新技术产业开发区	上海
6	深圳高新技术产业园区	广东
7	济南高新技术产业开发区	山东
8	石家庄高新技术产业开发区	河北
9	天津滨海高新技术产业开发区	天津
10	厦门生物医药港	福建
11	泰州医药高新技术产业开发区	江苏
12	广州高新技术产业开发区	广东
13	南京生物医药谷	江苏

① 中国生物技术发展中心．《2022 中国生物医药产业园区竞争力评价及分析报告》正式发布［EB/OL］．［2022-11-04］．https：//www. cncbd. org. cn/News/Detail/13861.

续表

排名	园区名称	所在省市
14	合肥高新技术产业开发区	安徽
15	成都医学城	四川
16	长春高新技术产业开发区	吉林
17	南京江宁高新技术产业开发区	江苏
18	长沙高新技术产业开发区	湖南
19	吴中经济开发区	江苏
20	连云港高新技术产业开发区	江苏

资料来源：根据公开资料整理。

三是缺乏高水平的成果转化和资源共享平台。发达国家和地区的经验表明，产业的集聚发展及协同创新需要高水平的资源共享平台作为重要支撑。如生物科技中心是香港科学园的重要科研服务平台，由香港科技园公司转化研发所管理，中心将不同的实验仪器以较低的价格提供给入驻香港科学园的生物医学科技公司使用。实验室内设备齐全，拥有全片影像系统、免疫组化仪、组织切片及冷冻切片机等。同时，生物科技中心为入驻公司提供生物样本库及组织病理学服务，推动生物医学相关的研究活动、创新发现及改善治疗方案。目前，大湾区生物医药总体上还比较缺乏高水平的成果转化和资源共享平台，急需加大力度加以完善。

（二）健全大湾区生物医药服务平台

一是设立对接企业的专责服务机构。借鉴上海、成都、海南等地的经验，在广东省层面，设立专门机构，为生物医药企业提供全方位、全周期的专业服务，并向企业提供更具针对性的高效的管家式个性化服务。提供专项政策咨询，促进政府、园区、总部企业之间交流与沟通。搭建粤港澳生物医药创新服务大平台，提供融资、财务顾问、公司架构与管治、估价、法律服务、专利保护、政策法规、临床试验规划、委托设计与生产、项目建设与规划、项目产业化等全方位的服务，深化开放合作，打造竞争优势。对生物医药领域的新技术，在重大合作平台率先对服务标准、服务规范和商业模式进行压力测试，使大湾区生物医药协同创新服务具备完善的顶层设计及制度安排。

专栏 8-1　海南乐城成立管理局服务生物医药企业创新发展

博鳌乐城维健罕见病临床医学中心于2020年4月创立于中国海南博鳌乐城国际医疗旅游先行区，维健投资（香港）有限公司、乐城管理局、博鳌未来医院中心三方共建，并由维健投资（香港）有限公司投资建立。

乐城管理局负责协调相关政府部门，优化罕见病产品引进和临床应用的相关政策、管理法规和管理流程。维健医药负责参与第三方或中心主办的学术活动以及患者组织活动的开展，负责中心日常运营管理、宣传推广。博鳌未来医院作为医疗机构主体，负责罕见病诊疗场地、基础医护团队和医疗抢救配套设施，园区多家医疗机构的特色专科作为补充，推动生物医药企业创新发展。

资料来源：博鳌乐城维健罕见病临床医学中心官网，http://www.boaordmc.com/.

二是构建共性技术服务平台，降低企业创新成本。发挥大湾区地方政府、龙头企业、高校及行业协会等作用，共同构建共性技术服务平台，集成生物医药产业链的创新企业，明确技术创新的重点方向，通过共性技术平台攻克“卡脖子”核心技术，提升行业国际核心竞争力。支持重大科研基础设施、大型科研仪器、共性技术基础平台、科技信息公共服务等向生物医药企业开放。鼓励大湾区测序平台、人工智能高通量药物筛选平台、高性能计算与信息平台、实验动物平台、高等级生物安全实验室等满足实验室自身的研究需求并向社会开放共享，加强生物医药成果检测设备的共享。

专栏 8-2　国家高性能医疗器械创新中心推动共性核心技术突破

国家高性能医疗器械创新中心（以下简称“国创中心”）由中国科学院深圳先进技术研究院、深圳迈瑞生物医疗电子股份有限公司、上海联影医疗科技股份有限公司、先健科技（深圳）有限公司和哈尔滨工业大学等单位牵头组建，于 2020 年 4 月获工业和信息化部批复建设，是深圳首个国家级制造业创新中心，也是国家在医疗器械领域设立的唯一的创新中心。

国创中心围绕与医疗健康密切相关的预防、诊断、治疗、康复领域的高端医疗设备的重大需求，聚焦高端医学影像、体外诊断和生命体征监测、先进治疗、植介入器械、康复与健康信息等重点方向，致力突破行业发展的共性核心关键技术，完成技术开发、转移扩散到首次商业化应用各个环节。国创中心汇聚各方要素，加速创新成果转化，构建全链条垂直融通的创新环境，打造贯穿创新链、产业链和资金链的高性能医疗器械产业创新生态系统。

国创中心围绕产业链上下游开展“链式”攻关，集中突破一批“卡脖子”技术和关键零部件；同时，组建创新联合体，从基础材料、核心部件与重大装备三个层面开展重大技术攻关。面向疫情防控救治紧迫需求，国创中心联合行业骨干企业共同推动重症呼吸 ECMO 设备自主研制专项并取得突破进展，2022 年，获准进入临床试验。

资料来源：根据公开资料整理。

三是优化知识产权服务能级，加强生物医药成果转化保障。积极引进国际知识产权分支机构，加快建设国家海外知识产权纠纷应对指导分中心等重大平台，提升大湾区知识产权服务能级。开展集专利快速审查、快速确权、快速维权于一体的综合服务。对标 CPTPP（《全面与进步跨太平洋伙伴关系协定》)、RCEP(《区域全面经济伙伴关系协定》)等国际经贸规则，先行先试，率先进一步缩小中国知识产权保护与国际知识产权新规则的差距。强化知识产权保护专业服务，积极引入或对标国际知名的培育知识产权交易中介服务机构，培育发展知识产权代理、运营、评估等服务机构，打造服务种类覆盖知识产权生产交易全链条的知识产权保护专业服务基地，为生物医药各类创新主体、市场主体知识产权保护提供服务支撑。

四是加快提高药品、医疗器械审批服务水平。借鉴长三角地区经验，充分发挥国家药监局药品审评检查大湾区分中心、医疗器械技术审评检查大湾区分中心作用，对标欧盟、美国、日本等国家和地区的先进做法，在审批流程、审批门槛等方面试点实行药物审评政策改革。2020 年，药品长三角分中心和医疗器械技术审评长三角分中心（统称长三角分中心）在上海浦东新区挂牌成立。长三角分中心的建立加快了长三角区域内药品、医疗器械的注册进度。其中，药品长三角分中心根据行业需要推进了事前事中沟通协调、一般性技术问题咨询、上市后变更指导原则培训、项目管理等工作，开展分中心区域创新药审评工作，谋划提供立卷指导服务并开展区域内注册申请受理工作。器械长三角分中心已经建立与国家药监局器审中心的业务专线，正式开展技术审评工作和注册受理前技术咨询工作、创新优先项目的沟通辅导工作，以及质量管理体系培训等相关检查工作。长三角分中心的主要做法如表 8-2 所示。截至 2023 年 3 月，药品分中心已完成了 418 件创新药的审评任务。截至 2023 年 1 月，共签收各类医疗器械申请事项 11007 项，办结 10294 项。接收医疗器械企业受理前技术咨询申请 3563 项。长三角分中心助推了长三角区域药械创新产品加快上市，并助推长三角区域药械创新成果加速转化。大湾区分中心可借鉴长三角分中心经验，在审评工作、项目管理、服务创新、技术指导等方面提升服务水平。

表 8-2 长三角分中心主要做法

类别	举措
制定工作细则及规范	两个分中心结合主要服务于区域产业创新发展的定位，全面推进审评检查工作。药品分中心主要参与长三角区域所有的创新药临床试验申请和上市申请的审评工作，制定了《药审中心与分中心业务管理暂行规定》《分中心协助核查中心开展药品注册核查工作程序》
创新企业全流程服务工作模式	两个分中心不断优化探索服务工作新模式，创新产品事前事中专人指导机制，覆盖区域内所有纳入创新审评通道的生物医药、医疗器械创新产品。对重点项目实行“提前介入、专人负责、研审联动、全程指导”的原则，加大服务指导力度
推动审评重心向产品研发阶段前移	两个分中心探索建立了与三省一市药品监管部门的常态化沟通交流机制，明确了重点项目沟通对接形式。针对区域重点项目的沟通对接，在药审中心、器审中心审评重心前移政策支持范围的基础上，借助分中心的区域优势，进一步扩大对长三角区域内创新生物医药、医疗器械产品的支持范围，逐步建立支持项目清单，对长三角区域内重点产品研制过程中遇到的问题进行提前介入指导，推动生物医药、医疗器械技术审评重心向产品研发阶段前移工作机制，构建面向产品全生命周期的技术审评服务模式

资料来源：根据公开资料整理。

五是共同举办大型生物医药国际会议。国内外生物医药行业往往通过召开各种论坛和会议，帮助医疗行业内的从业者和研发者拓宽视野，在大湾区召开国际性会议以吸引更多来自不同国家和地区的高质量行业专家，专家间直接的学术交流有助于促进创新想法的产生，对整个行业的协同创新发展带来正向的影响和效益。建议扩大大湾区在全国生物医药技术领域的影响力和知名度，依托“香港桂冠论坛”“大湾区科学论坛”等重大活动，举办全球顶尖生物医药科学家、全球院士科技创新合作等论坛，扩大论坛的国际影响力。加强与诺贝尔家族、哈佛大学医学院等机构的联系，争取在大湾区举办诺贝尔医学和生理学全球峰会、中美健康峰会等生物医药领域顶级会议，根据产业特点设置各类生命健康论坛。协同举办年会、论坛、推介会、交易洽谈会等活动，加强大湾区生物医药科学家之间的交流合作。支持会议主办方邀请行业专家、政府部门、企业、协会、联盟、金融机构等参与其中，促进主体之间加强联系，使不同主体间的联系变得更加紧密。

专栏 8-3　长三角重大生物医药论坛

2021 年南京创新周期间，多家学会、联盟、协会等机构在南京成功举办了 2021 中国（长三角）临床试验发展与合作峰会。峰会上探讨了如何加强长三角临床研究中心的协同合作、提高多中心临床试验效率等课题，有 36 家机构联合发起成立“长三角临床试验协作中心”倡议，希望共同提升区域临床试验协作效率与水平，促进区域医药创新与转化应用并加强区域临床试验协作管理能力。

2021 年，上海国际生物医药产业周盛大举行，参会者包括张伯礼院士、诺贝尔奖获得者、细胞疗法创始人在内的全球生物医药产业的顶级科学家、企业家和投资人，在活动期间，有二十余场高端论坛、前沿探讨在上海密集举行。其中诺贝尔奖获得者迈克尔·莱维特围绕前沿创新这一主题，演讲中结合大数据研究、人工智能、云计算等，探讨了高科技手段在生物医学领域创新实践的全新路径。活动集合了金融机构、龙头药械企业、一流科研院所以及特色产业园区等，邀请产业链上下游以及相关领域的诸多代表，以演讲、对话等多种交流方式，集思广益，凝聚共识①。

研讨会、论坛和国际会议的举办，在不同程度上推动了整个行业向前迈进。协会、联盟等民间机构加强了各类主体的联系，使不同主体间的关系变得更加紧密。召开会议、研讨会和论坛会给整个行业的协同创新发展带来正向的影响和效益，大湾区在活动初期可以先针对区域内部，再将范围逐渐扩大到全国甚至全球，扩大国际影响力，先“引进来”，再“走出去”。

资料来源：根据公开资料整理。

① 陈红书 . 2021 上海国际生物医药产业周开幕　“英雄”院士与诺奖得主同台交流［N］. 第一财经，2021-10-13.

六是开展生物医药产业链全球联合招商。制定生物医药企业及上下游关联企业清单，推动大湾区开展产业项目联合招商，围绕重点园区、产业链薄弱环节，重点引进生物医药产业链延伸项目、缺失项目和升级项目，加快培育配套企业。探索联合举办全球招商大会，加强招商合作，研究共同制定招商政策，组建市场化招商合作服务平台，统筹资源配置和项目布局，开展产业链联动招商。

七是完善生物医药环保服务。生物医药的研发环节相对封闭，生产制造环节必须具备符合国际标准的 GMP 生产厂房，以及废气、废水处理等环保设施，对厂房层高、承重等没有特殊要求。建立环保顾问和环保管家，及时介入服务生物医药产业引进的咨询、环评审批，做好事中事后监管要求的辅导。推进建设生物医药生态产业园，解决产业发展末端固废、危废、小废水的集中收集和处理。建立药企的污废处理环保服务机制，支持药企与污废处理的环保公司加强合作，明确生物医药的排放指标。鼓励生物医药园区建立污水处理设施，促进药企固体废弃物工程建设，推动环保监管和产业发展相结合，保障产业健康发展。

二、加大生物医药协同创新的资金支持力度

生物医药产业是典型的资金密集型和技术密集型产业，其产业培育发展需要更系统、更持续、更稳定的资金支持，加大生物领域企业投融资支持力度，需要通过政府、企业等加大对生物医药产业投资力度，推动粤港澳大湾区生物医药协同创新。

（一）生物医药领域资助现状及突出问题

一是生物医药领域投入不足且布局不均衡。大湾区在电子信息、人工智能等新兴产业的投入相对较大，对生物学相关领域支持力度不够，尤其是重大项目布局不够，生物资源库、医学数据库等投入也不足。相比之下，发达国家对生物医药的重视程度非常高。例如，美国建立了 NIH（国立卫生研究院）来统筹国内生命医学研究和资助，对生物医药提供持续稳定的经费支持。美国 NIH 是国际最具影响力的生物医学研究机构。美国国

会每年拨付给 NIH 的经费通常占美国政府科研总投入的 60%左右，NIH 可以说是国际上最大的生物医学基金资助机构，对科研机构的研究项目进行持续稳定的资助也使美国在癌症基础研究、预防、诊断和治疗方面取得了一系列重要成就。

二是金融支持生态有待完善，未能有效激发协同创新。与发达国家相比，大湾区医药产业的协同创新尚未成熟。目前，大湾区的高校、科研机构、生物医药企业与风投机构等未能形成长期、稳定、优势互补的合作伙伴关系，导致资源重复投入，创新网络关系松散，对协同创新产生较大的影响。虽然自从香港交易所在 2018 年实施新的上市制度以来，香港成为越来越多内地生物医药公司的首选上市地①，深圳也是重要的创投中心，但是由于生物医药研发前期投入较大、科研成功率不高、投资回报周期长、风险大、行业准入门槛高，在风险投资机制不够健全的情况下，容易导致资金不足，使得生物医药企业只能从事低价值的医药生产、研发外包等业务。目前，大湾区生物医药投融资的突出问题是投资风险意识不强，在成果转化过程中存在资金“瓶颈”效应。

三是生物医药基础研究缺乏长期稳定的经费支持。生物医药产业具有研发周期长、资金需求大、投资风险高等特点。与发达地区相比，大湾区对生命科学和医学基础研究的支持强度较低，战略性基础研究的统筹不足，对生命医学研究经费的支持持续性不足，研究资助项目大多周期过短，难以培养和稳定核心人才团队，财政资金支持集中度不够，尚未发挥国家战略科技力量的作用。同时，处于天使/种子轮、初创期的项目，难以获得长期稳定的资金支持。

（二）加大生物医药协同创新的资金支持

一是设立粤港澳生物医药合作发展基金。采取 PPP 模式，支持粤港澳三地政府、企业、高校联合设立生物医药合作发展基金。建立以天使投资、创业投资、创新孵化、境内外上市等为代表的股权融资支持机制，加

① 刘应彬. 第四届粤港澳大湾区金融发展论坛主题演讲［EB/OL］.［2021-12-13］. 香港金融管理局，https://www.hkma.gov.hk/gb_chi/news-and-media/speeches/2021/12/20211213-1/.

强研发贷、孵化贷、知识产权质押贷、集合担保信贷等金融支持力度。对联合研究的生物医药前沿基础科研、科学家团队引进、成果转化项目的开展等重点环节予以资金支持。鼓励外资研发中心发起或参与设立创新基金、成果转化基金。设立一定规模的政府产业引导基金，通过并购重组、直接投资等方式，支持重大项目的引进和培育。设立天使母基金，支持大湾区生物医药龙头企业及天使投资机构设立产业天使基金，大力推动生物医药创新项目孵化。

专栏 8-4　美国、欧盟建立多元化的资金投入机制

美欧国家（地区）政府通过组织面向全国或全球合作的重大科技计划对生物学研究进行资助，形成了多元化的投入机制。近年来，美国联邦政府针对重大疾病治疗，设立“脑科学计划”“精准医学”等大型国家科学计划。欧盟针对健康、粮食安全等重大议题，在“欧洲地平线计划”中对癌症、农业和生物前沿技术等进行研究资助。以“脑科学计划”为例，除 NIH、美国国防部高级研究计划局（DARPA）等联邦部门和机构之外，以谷歌公司、葛兰素史克公司为代表的企业，以及艾伦脑科学研究所、卡夫利基金会和西蒙基金会等也参与投资。

资料来源：根据公开资料整理。

二是建立需求牵引和自由探索共同驱动的资助机制。战略性布局生物医药重点领域，结合大湾区重大战略需求、社会经济发展迫切问题，以及生物学发展的前沿方向和关键科学问题，明确重点攻坚方向，建立“自上而下”重大需求牵引与“自下而上”自由探索相结合的选题机制。结合国家战略所需，积极对接国家部委产业资金政策，争取获得生物医药科研资助。

三是完善生物医药资助布局，加大在生命医药领域的投入比例。建议将免疫与健康、人工智能与生物计算、共性底层技术等目前没有在重

点研发计划中的基础研究专项的资助内的重要领域，作为生物医药领域独立研究方向加大支持力度。增加对生物数据大科学研究平台等基础设施的资助。生物医药科技公司从初创到核心产品进入临床Ⅱ期试验，一般需要较长的孵化时间。积极发挥风投作用，选择有潜力的初创企业或研究团队，打造“隐形冠军”“独角兽”后备队，加快生物医药产业的能级提升。

专栏8-5　欧美国家从国家层面加大对生物医药发展的资金支持力度

英国、美国、法国、德国和俄罗斯等国家先后出台生物安全战略，部署和支持相关领域研究，以防止生物灾害对国家安全产生重大威胁。以美国为例，2001年炭疽邮件事件后，先后发布了《国家生物防御战略》《应对生物威胁国家战略》等。在这些政策的推动下，美国国防部（DOD）、美国能源部（DOE）等多个部门和机构对生物监测、致病性病原体研究等进行支持。例如，NIH针对新冠肺炎疫情进行了“发展新型疫苗”研究资助。

资料来源：根据公开资料整理。

四是调整优化大湾区生物医药资助体系。建议对大湾区生物医药的研究院所、产业和行业的研究机构、大学的科技活动进行明确的定位和分工，避免重复支持和重复布局，造成同质化竞争。根据基础研究、应用基础研究、应用开发研究设立不同的资助类型，合理设置基础研究、应用基础研究、技术研发的经费比例。支持大企业的应用研究、试验开发等环节的创新。发挥政府引导作用，设立科研基金，进一步加大应用研究、试验开发等科研经费的投入，优化应用研究和试验开发的经费投入结构。重点关注保健品、“AI+生物”等发展潜力大的企业，加大资金支持力度，推动数字技术和生命技术转型。

五是共同设立香港与内地的联合资助项目。发挥大湾区及内地大型企业、产业园区管理机构的作用，支持香港与内地共同成立投资平台，设立联合资助项目。鼓励香港大学、香港中文大学等香港高校，香港生产力促进局等香港公营研发机构，重点在药物和材料、医疗和诊断设备、基因和干细胞、中药、人工智能医疗等领域参与内地的联合资助项目，促进香港科研成果转化。积极对接 InnoHK 创新香港研发平台，支持有发展潜力、有核心自主知识产权的跨境生物医药企业落户大湾区内地城市。引导企业与高校科研机构共建联合研发中心、实验室等，加大对科研经费的支持力度。发挥大湾区创投资金特殊的“催化剂”作用，建立资金集群，整合政府引导基金、国家产业发展基金、国外政府基金及香港家族基金等，丰富资金来源渠道。

六是建立针对生物医药高水平研究团队的稳定支持体系。生物学研究工作周期相对较长。例如，新药研发通常要历经 15~20 年的周期，因此需要稳定支持的机制。故而，建议大湾区重视发挥好生物学领域国家战略科技力量的作用，通过指向性竞争的方式选择高水平生物学科研团队给予长期、稳定的资助，确保关键科学问题得以持续攻关。同时，引导企业、新型研究机构等社会资本投入生物学研究①。

专栏 8-6　新加坡对生物医药提供持续稳定的经费支持

新加坡国立研究基金会为科研提供长期资助。新加坡的研发投入机制鼓励自由的、不计功利的科研活动，并支持前瞻性的、面向未来的发明与发现。自由的科研活动提供长期的、稳定的但有效率的支持，为科学家营造超越功利、自由探索的研究空间。以国立研究基金会下设的“卓越研究中心”为例。新加坡现有五个卓越研究中心（包括地球观测站、量子技术中心、癌症科学研究所、力学生物学研究所、环境生命科学工程中心），这些研究中心由新加坡各高校主办，

① 陈捷，曲静，娄智勇，等．生物学特征、趋势及资助对策研究［EB/OL］．［2022-04-20］．中国网·中国发展门户网，http：//t. m. china. com. cn/convert/c_ vjB1aFKJ. htm.

由国际顶尖科学家组成的学术委员会选拔产生，每个中心有15~25个主要研究人员，分别带领一个由博士后研究员、研究生和支持人员组成的研究团队。卓越研究中心负责人由相关领域的世界顶尖研究人员担任，并可获得国立研究基金会和教育部的长期资助。在科研使命和目标方面，卓越研究中心则拥有很大的自主权，可以自由选择科研活动的具体学科。

虽然卓越研究中心获得的资助原则上是长期、稳定的，但国立研究基金会对资金的使用效率仍有一套科学的评估手段：卓越研究中心每三年需要接受一个国际化的审查小组对中心研究的评估，评估考核合格后，才能接受国立研究会拨发的新资助。卓越研究中心的设置体现了新加坡科技政策所倡导的一种宽松、自由的研究文化，即基础研究的本质意味着研究应该是没有时间、应用目标限制，且具有创造性的。

资料来源：根据公开资料整理。

三、引进并培育生物医药领军及专业人才

人才是生物医药发展的第一资源，深入推进生物医药人才队伍建设，引进培育生物医药专业人才，推动人才规模快速增长、质量快速提升，是大湾区生物医药协同创新的核心要素。目前，大湾区生物医药还存在着总体规模不大、领军人才不足、创新人才缺乏等问题，迫切需要引进培育高质量生物医药人才，充分发挥人才在协同创新发展中的战略性、基础性、决定性作用。

（一）生物医药人才需求分析

从全球看，美国、印度、中国是生物医药领域人才前三大集聚地，制药行业人才数量最多、生物技术行业人才同比增速最高。“领英”大数据显示，截至2022年8月，领英全球会员中制药、生物技术、医疗器械三个行业从业总人数超1029万。在医疗器械行业，我国已经成为第二大人才

国。从人才构成分析，销售、运营、保健服务、业务开发及研究职能人才为全球大健康领域前五大人才类型。全球制药细分产业——医药合同外包服务（CXO）、创新药、仿制药、化学药、生物药领域中，CXO 人才总量最高，其次为化学药、生物药领域。人才需求层面，创新药、仿制药领域人才需求与人才短缺形势较为严峻。从生物技术三大细分领域人才总量看，细胞工程领域人才总量最高、基因工程领域相对较低。猎聘大数据研究院发布的《2022 年粤港澳大湾区人才发展报告》显示，大湾区部分新兴产业，如汽车机械制造、电子通信硬件、制药医疗、能源化工等行业需求旺盛，但高质量人才供给相对不足，人才供需矛盾凸显。

（二）大湾区生物医药人才面临的主要问题

一是大湾区医学类人才不足。2022 年，广东医学类专业在校生约为 8. 9 万人，近 3 年全省医学专业年招生人数超过 2 万人，并呈逐年增长趋势。2023 年，广东省教育厅公布了首批广东省高水平临床医学院、公共卫生学院和中医药学院名单，有 9 所大学 21 个学院入选，其中 15 个为重点建设学院，6 个为培育建设学院。作为教育大省和医疗资源大省，广东有 22 所本科大学开设医学类专业，医学类专业在校生达 8. 9 万人。但以医学专业学生培养的质量，对标社会对医学人才的需求，二者之间还存在一定差距。

二是缺乏生物医药关键人才。目前，大湾区缺乏具有较大影响力的领军人物，如西湖大学施一公、协和王辰、北京生命科学研究所王晓东等有杰出成就的高层次人才。大湾区的人才数量、结构也与北京、上海、苏州等差距很大。爱思唯尔（Elsevier）发布的 2022“中国高被引学者”（Highly Cited Chinese Researchers）榜单显示，“中国高被引学者”覆盖 10 个教育部学科领域中的 84 门一级学科，共有 5216 位学者上榜，分别来自 504 所高校、企业及科研机构。可以看出，“中国高被引学者”大多集中在北京、上海等地，大湾区“中国高被引学者”数量较少，在一定程度上反映出其基础研究对全球影响力有待加强（见表 8-3）。

表 8-3 2022 年“中国高被引学者”统计

排名	单位名称	入选人数（个）
1	中国科学院	501
2	清华大学	245
3	浙江大学	204
4	北京大学	185
5	上海交通大学	159
6	复旦大学	138
7	华中科技大学	113
8	中国科学技术大学	106
9	中山大学	98
10	武汉大学	94

资料来源：根据公开资料整理。

三是生物医药的人才管理体制机制有待加强。科技创新成果的取得离不开对人才的培养和支持。大湾区现有资助和评价机制与激励体系有待完善。目前的人才计划在人事制度、资助方式上有较多限制，例如，对青年人才的年龄限制较大，对本土人才和海归人才在经费支持、职称评定等方面的待遇悬殊，对科研事业刚起步的科研人员激励不足等。

（三）优化大湾区生物医药人才供给结构

一是打造生物医药人才综合服务平台。

引进生物医药科技领军人才、创新团队，设立离岸人才中心，优化人才引进、居留、就业等方面的政策，推动与国际接轨的人才发展环境。大湾区内地城市与港澳应探索具有国际竞争力的引才用才制度，积极引进高精尖国际生物医药人才团队，完善科研资金、环境与设备，住房、子女入学和社会保障等配套政策。完善科技人才就业创业信息共享机制，为科技人才提供政策咨询、法律援助、培训等服务。

二是完善生物医药人才引进机制。

首先，制定全球一流的生物医药人才目录。优先引进获得世界知名奖项的生物医药基础研究型领军人才，建立基础研究人才库。高标准引进国际科技领军人才及国内外知名院士，形成前瞻性基础研究和引领性原创研究的高水平研究机构和团队。对于急需的生物医药人才，加大引进和资助的力度。鼓励各类人才以技术、管理、市场资源等要素参与收益分配。加快形成大科学家、大运营团队、大创投团队集聚、人才资源丰富的局面。与领英等机构合作，实施生物医药人才引进的“曼哈顿计划”。按照人才链的构成和企业在创新药研发不同阶段的使用规律，分层次、有针对性地制定引进方案。

其次，实行“柔性引才”策略，在全球范围高标准引进生物医药人才。在系统生物学、计算化学、化学合成、药物开发、单细胞分析等学科领域形成国内人才集聚地，鼓励大湾区生物医药科研机构全职引进具有国际竞争力的青年人才和具有成功产业转化经验的稀缺人才。推行“柔性引才”机制，制定吸引人才的具体举措，如表 8-4 所示。支持大湾区内地城市的企业通过特聘岗位、挂职引进、项目合作、远程协作、退休返聘①等方式，柔性引进大湾区高层次生物医药人才，加强校企人才合作与引进，推动人才自由流动。发挥欧美同学会的作用，与其合作设立生物医药领域人才引进联合体，在国外建立灵活的校内引才机制，吸引生物医药领域海外留学人才到大湾区工作。

表 8-4 “柔性引才”的重点举措

举措	具体做法
提供研究项目和合作机会	创建开放的研究项目，邀请远程研究人员参与，提供灵活的合作模式。为研究人员提供访问期限许可的职位，如客座教授或研究人员，以便他们能够在城市内开展短期研究工作
提供临时研究资金	如设立短期研究经费或拨款，资助科学家们在城市内开展短期研究项目。再如创建专门的科研研究计划，鼓励科学家在特定领域或课题上开展合作研究

① 主要是指各级各类专业技术人才、经营管理人才通过事先联系利用周末或节假日等业余时间，在完成本职工作、不侵害国家和单位技术、经济利益的前提下，为民营经济和各类企业提供各种无偿和有偿服务。

续表

举措	具体做法
高水平研究设施建设	投资于卓越的实验室、设备和研究资源，使城市成为吸引科学家进行研究的理想场所。提供开放式的研究设施供科学家们使用
国际化支持	提供国际人才的签证支持等，以解决他们在新城市工作和生活的困难，同时建立国际研究人员的社交和文化适应支持团队，帮助他们融入当地社区
学术社交活动	组织学术会议和研讨会，为科学家们提供交流和展示研究成果的机会。举办社交活动和文化活动，帮助科学家们建立社交网络
生活质量提升	改善城市的生活质量，包括提供良好的住房、教育、医疗和文化设施，吸引科学家及其家庭人员入住
宣传城市的研究优势	主动走出去，制订营销计划，宣传城市的研究和创新优势，通过各种渠道向潜在科学家展示城市的优势和机会

资料来源：根据公开资料整理。

最后，引进全球一流的生物医药领域创新团队。鼓励生物医药企业依托重大科技基础设施等创新平台，吸引具有国际影响力的创新团队，加强协同合作，培育更多“引领型研究”的一流团队。建立既懂生物医药专业，又懂专业市场化的科技服务团队，加强培育专业队伍。

三是共同培养专业医护人才。依托内地港资医疗机构、国家技术转移人才培养基地等平台，共同培养专业服务人才，聚焦医工交叉、医学科技成果转化等方面，扩大医疗卫生领域技术转移转化人才的规模并提升其专业水平。鼓励内地医生与护士参与香港医管局“大湾区医疗人才交流计划”，强化在香港的临床及理论培训。鼓励和引导社会力量建立适应不同层次需求的职业培训机构，培养企业急需的实用型人才。支持大湾区职业院校、技工院校与生物医药企业以多种方式深入合作，在企业建设教学基地、实训基地，开展技能人才培养工作。发挥深港职业人才培训基地的作用，整合深港职业教育院校资源，借鉴前海港澳青年创新创业示范基地等机构的成熟经验，深化深港校企合作，促进深港产教融合，在深港公共实训、职业技能培训（人才评价）、教研资源共享、人才交流互动、成果展览展示、“一站式”综合服务等方面加强生物医药人才的联合培养，为粤港澳大湾区生物医药发展提供人才队伍支撑。

同时，鼓励大湾区科研机构坚持科教融合模式，培养生物医药产业发展需要的人才。以中国科学院深圳先进技术研究院为例，先进院积极创新学生培养形式，通过产学研协同培养模式、多模态和多类型人才培养模式、创新博士后培养模式等方式培育了一批科研人员，未来将探索依托高水平科研机构建设研究型大学的新路径。

专栏 8-7　中国科学院深圳先进技术研究院创新博士后培养模式

中国科学院深圳先进技术研究院以服务科技产业发展为导向，与企业建立了密切的合作关系，为产学研结合探索出新的有效模式。深圳先进技术研究院建立了博士后培养“试创基地”，构建了顺畅有效的在站培养指导流程，分类培养了一支跨学科、复合型的博士后人才队伍，为科技企业提供了一大批优秀人才，加速了科研成果落地，进一步提升了社会服务能力。深圳先进技术研究院拥有“计算机科学与技术”和“生物学”博士后流动站，以及深圳先进技术研究院博士后工作站。目前，深圳先进技术研究院在站博士后715人，已累计培养博士后1188人。

资料来源：根据公开资料整理。

四是完善生物医药人才激励体系。

首先，建立针对不同类型人才的多层次评价体系。强化用人单位主体作用，对于生物医药基础研究人才，以同行评价、研究成果质量及对国家、社会的影响力等为重要评价因素。对于应用研究人才，以创新创造业绩贡献等为重。对于科技成果转化人才，注重转化效益效果评价，关注产值、利润等经济效益。推广中国科学院深圳先进技术研究院的经验，在运营管理方面开展创新，形成覆盖全球的多层次、多渠道的人才引进模式，构建“年度绩效—3H 福利—成果转移—股权激励”的人才激励体系。采用“合同科研”的模式，对项目全过程进行监管和评估。

其次，构建最能体现创新要素价值的收益分配机制。一方面，创新科研成果使用制度。将财政资金支持形成的，不涉及公共安全、重大社会公共利益等科技成果的使用权、处置权、收益权下放给高校、科研院所，由其自主决定。另一方面，实施科研人员技术入股制度。探索实行香港人才人力资本入股制度，明确入股标准、股权转让和退出、风险防范机制。此外，实施接轨国际的科研激励制度。探索优化高校科研人员考核机制和科研成果专利权制度，促进科技成果转化。

五是优化生物医药人才配套服务。

首先，完善生物医药人才的医疗、子女教育服务。加快构建多主体供给、多渠道保障、租购并举的住房供应与保障体系，增加针对生物医药的人才房供给数量。鼓励支持具备条件的医院进一步改善就医环境，加强与国内外保险公司合作，加入国际医疗保险的直付网络系统。对于引进人才子女有就学需求的，按照人才子女入学入园相关规定予以妥善安排。

其次，在大湾区重要发展平台区域内建立生物医药科学家社区。对标国际标准，按照居住生活型、商务办公型、创新创业型、专业服务型等社区类型，在基础设施、人才服务、组织管理方面，发挥顶尖科学家社区的优势，突出街区特色。鼓励大型国企高标准参与建设，为生物医药领域科学家提供一流的国际化城市空间环境。对比研究美国、日本、德国等发达国家和地区科学家社区建设经验，设计科学家社区标识系统，推进社区品牌建设。

专栏 8-8　上海规划建设科学家社区

世界顶尖科学家社区位于中国（上海）自由贸易试验区临港新片区，占地范围约 2.5 平方千米，是全国首个科学家社区城市单元。科学家工作的实验室是社区的核心圈层，重点要实现基础科学研究功能，包括生命科学、信息科学、物质科学、宇宙科学等实验室和研发中心。科学家社区规划布局了思想交流、科研支持的功能空间，具体规划了 WLF 国际会议中心、WLA 全球总部基地等以支撑实验室平台，实验室有很强的全球化关联属性。同时，世界顶尖科学家社区规划设计了科学河谷、科学公园、滨海公园等一系列公共空间，提供商业、体育、艺术、文化、国际教育、5G 智能社区等全面的城市基础设施服务，提高对人才的吸引力。

资料来源：根据公开资料整理。

最后，完善生物医药人才交流机制。借鉴英国科技园的人才交流形式，鼓励大湾区内有意愿的高校生物医药专业教授参与校园外的创新研发，推动与企业接轨，结合理论与实践，将最新的科研理论带到学校，实现成熟人才和储备人才之间的知识流动。对于企业来说，实力雄厚的企业想要利用人才更好地发展，可以在国外重要地区开设分公司或办事处，吸纳国外有实力的人才加入企业的研发创新，促进国内与国外专业知识的交流，为协同创新奠定人才基础。

四、深化港澳与内地跨境医疗服务合作

随着港澳居民到大湾区内地城市生活、发展的人数越来越多，港澳与内地跨境医疗服务的需求也日益增加，成为粤港澳大湾区生物医药协同创新的重要组成部分。目前大湾区正不断加大推动医疗服务跨境衔接向纵深发展的力度，助力内地和港澳医疗体系深度合作，医疗规则、机制有效衔接，实现大湾区医疗高质量协同发展。

（一）港澳与内地跨境医疗服务合作存在的问题

一是跨境转诊、电子病历互通等急需进一步加快推进。2011 年 3 月 30 日，深圳卫计委与香港医管局签署《香港病人转介项目合作协议》，明确深圳市人民医院、深圳市第二人民医院等 6 家定点医院参与香港病人转诊服务。2022 年 2 月 24 日，广东省政府办公厅印发《关于推动公立医院高质量发展的实施意见》，提出探索在指定公立医院开展跨境转诊合作试点，

完善大湾区内重症传染病病人会诊机制和紧急医疗救援联动机制。但是，目前跨境转诊涉及大湾区内地城市有限，涉及医疗机构数量少，未能有效满足港澳居民的需求，需要进一步拓展。在电子病历互通方面，目前粤港澳大湾区仅有港大深圳医院开展“大湾区跨境医疗复诊”试点，大湾区电子病历通仍处于起步阶段，下一步需要不断探索总结，在取得成效的基础上，将相关试点拓展至粤港澳大湾区其他城市。

二是跨境医保结算衔接难度较大。由于港澳与内地在管理体制和医疗服务规范、社保体制等方面均存在差异，规则衔接有待加强。粤港医疗机构跨境结算推进有待加强。从欧盟的医疗保险跨国转接经验看，已实现一定条件下的跨境医疗服务，例如，对于跨国工作就医、短期旅居国外就医医疗服务等，符合条件的都可以进行费用报销。港澳与内地的跨境医疗服务在政策接轨、机制对接等方面较为缺乏，短期内难以有效衔接。

（二）推动香港与内地跨境医疗服务合作

一是扩大香港病人转诊服务定点医疗机构。支持“香港特别行政区政府支援居粤港人病患复诊计划”常态化实施，扩大服务范围及增加参与医院，推动深圳、广州等三甲医院纳入香港病人转诊服务深圳定点医疗机构，为在内地的香港居民提供更便利的诊疗服务。增加为香港病人提供转诊服务的定点医疗机构数量，优化医疗转运车辆口岸通关模式。推动香港与深圳、广州等城市签署“香港病人转介项目”协议，扩大实施香港病人转介项目范围。增加与国际商保公司签订定点协议医疗机构数量，试点“一站式”结算。

二是进一步扩大“长者医疗券”适用范围。目前香港“长者医疗券”仅能在香港大学深圳医院结算使用。建议将“长者医疗券”使用范围从香港大学深圳医院院本部扩大到大湾区内地城市符合条件的门诊部，增加深圳、广州、佛山、中山等内地港资医疗机构作为“长者医疗券”结算单位，再逐步扩大至其他试点医院范围。

三是推行“全球特药险”，完善医疗保障体系。自“药械通”政策推广实施以来，越来越多的在香港上市的药物将进入内地，到内地就医的港澳居民也日益增多。建议借鉴海南的经验，试行“全球特药险”，将境内未上市新特药纳入保障覆盖范围，允许港澳居民购买“特药险”，与基本医疗保险、大病保险等相互补充，减轻参保患者就医负担，建立多元化的医疗健康保障体系，满足大湾区居民医疗健康保障需求。

专栏 8-9 “博鳌乐城全球特药险”扩大新特药覆盖范围

2020 年，海南推行“博鳌乐城全球特药险”，产品由中国人寿财产保险股份有限公司、中国人民财产保险股份有限公司负责承保，具有不限年龄、不限职业、生效后无等待期等特点，涵盖了 70 种抗癌新特药，其中 49 种国内未上市新特药，保障范围覆盖 35 种常见癌症疾病。海南省城镇从业人员基本医疗保险、城乡居民基本医疗保险、公务员医疗补助的参保人都可参保，保费每人年仅 29 元。2022 年 9 月，“乐城全球特药险”全新升级上线，海南省户籍人员、海南省居民身份证持有人、海南省当地基本医疗保险参保人及其直系亲属，以及在海南居住的“新市民”均可参保，不限年龄、职业、健康状况，可获得最高 100 万元特定药品费用保障。

资料来源：根据公开资料整理。

四是建立“港式全科+医院专科”的综合健康社区机构，提升大湾区基层医疗服务水平。完善粤港协作的分级诊疗体系，探索推进跨境医疗转诊、香港医生会诊等服务，强化香港全科医生诊所建设，争取在大湾区内地增加港式社康机构，引入港式家庭医生服务，以“港式全科+医院专科”协作模式，共建港澳居民服务中心，实现院内全科、专科转诊及跨境转诊。借鉴新加坡健康社区建设的经验，建立集急症治疗、中长期护理和教育培训于一体的综合健康社区，打造国际化健康医疗社区。

专栏 8-10　新加坡诺维娜健康城

新加坡诺维娜健康城于 2013 年启用，由新加坡卫生部、陈笃生医院和国立健保集团联合推出，预计 2030 年完工。健康城占地 17 公顷，是一个集急症治疗、中长期护理和教育培训于一体的综合健康社区。健康城的创新之处是建筑在三个层级相互连接：地面上方、街道和地下层。住院病人的就医流线通过专用的空中连廊进行，确保方便转移和保护隐私。同时，将门诊设置于离地铁站最近的地方，方便居民就医。健康城创造了开放的空间、公园、广场，医疗环境得到极大的提升。

资料来源：根据公开资料整理。

第九章

粤港澳大湾区生物医药协同创新的重大平台建设

广州科学城生物产业基地、深圳（坪山）国家生物产业基地，以及粤澳合作中医药科技产业园等是大湾区生物医药的重大合作发展平台，各种创新资源、创新政策率先落地、汇集在这些平台，先行先试，积极探索，加快推动大湾区生物医药协同创新。

一、粤澳合作中医药科技产业园

粤澳合作中医药科技产业园是《粤澳合作框架协议》的第一个落地项目，于2011年4月正式落地横琴，由澳门和横琴共同组建公司进行开发建设与运营管理。目前，粤澳合作中医药科技产业园进入快速发展阶段，集聚了一批中医药产业，重点开展以技术为主的公共服务平台建设，围绕大健康产业方向，开展中医药养生示范项目的建设，推动粤澳生物医药协同创新，打造创新发展模式和环境。

（一）粤澳合作中医药科技产业园建设的现状

粤澳合作中医药科技产业园以澳门为“桥头堡”，推动中医药产业国际化布局，已建立融中试、研发检测、成果转化和生产为一体的中医药产业公共服务平台，可帮助境内外中药企业开展新药研发、中试、产业化及国际化注册，产业园成立的“国际交流合作中心”，可开展国际注册、进出口贸易、人才培训等业务。

目前，在多项产业扶持政策的推动下，医药健康企业不断落户横琴粤澳合作中医药科技产业园。2022年10月，横琴粤澳深度合作区首个支持生物医药大健康产业发展的专项扶持措施——《横琴粤澳深度合作区支持生物医药大健康产业高质量发展的若干措施》印发，明确具体支持举措，坚持以服务澳门产业多元、研发创新驱动为主旨，为生物医药大健康类企业打造全生命周期支持环境，实现从落地进驻到产业化阶段全覆盖，支持发展中医药澳门品牌工业，加快发展以中医药研发制造为切入点的大健康产业。截至 2023 年 6 月，粤澳合作中医药科技产业园内注册企业 195 家，其中澳门企业 58 家。“横琴研发、澳门注册、横琴生产、全球销售”，成为带动澳门中医药产业发展的新模式。

（二）加快产业园与周边区域协同创新发展

现阶段，横琴中医药发展总体上还面临中医药产业体量小、中医药新药获批少、科研成果转化率不高等突出问题，与大湾区其他地区加强中医药产业合作成为横琴中医药纵深发展的必然选择。在广东举全省之力推进横琴粤澳深度合作区建设的背景下，需要着力建设“三大基地”，积极推动横琴与大湾区其他内地城市中医药合作发展。

一是建设国际领先的中医药生产基地。依托粤澳合作中医药科技产业园 GMP 中试及生产平台，支持横琴中医药企业生产片剂、胶囊剂等多种剂型的中药产品，积极推动横琴建设成为大湾区高标准中医药生产基地。支持横琴与大湾区内地城市中医药研究机构、中医药协会等加强合作，推动中成药在种植、制造等生产环节制定统一标准。

二是建设高质量的中医药成果转化基地。推动粤澳中医药企业合作，缩短新药研制时间，提升中医药研制能力。促进澳门中药质量研究国家重点实验室与广州、深圳等内地科研机构开展产学研合作，积极引进香港、澳门、广州等区域的中医药教授专家团队，推动中医药成果创新，加大扶持中药产品开发、产业转化力度。发挥大型中医药企业的引领作用，通过横琴重点对接澳门大学、澳门科技大学、香港大学医学院等，促进中医药产学研成果在横琴落地转化。

三是建设具有国际影响力的中医药服务贸易基地。鼓励横琴及其他内地城市更多中药产品在澳门注册，以澳门作为“精准联系人”，在横琴设立中医药交易、品牌孵化项目，积极拓展葡语国家及欧洲销售市场，建立健全国际销售网络。依托中国与葡语国家商贸合作服务平台，开展中医药国际注册、进出口贸易、教育培训等业务，扩大国际影响力。

四是加强向国际社会推广澳门中药注册制度。强化向外推广澳门中药注册制度，强化对外的产品、制度及扶助政策宣传和推广工作，支持横琴深合区及澳门药企“走出去”，开拓更大市场。支持业界通过参与国内外不同的国际会议、学术论坛等活动，宣传澳门中药注册制度的优势和特点。澳门可以积极参与国际相关标准的制定和推广活动，加强澳门中药的国际认可度和竞争力，提高中药产业的国际影响力和地位。在推广澳门中药注册制度的同时，吸引外地企业“走进来”，进驻澳门并丰富澳门大健康产业业态。

五是举办澳琴大健康产业优质产品展和国际中医药应用及学术论坛。利用澳门会展业的基础和实力，发挥澳门会展业的优势，带动大健康产业联动发展。建议举办澳琴大健康产业优质产品展，通过澳琴两地展会的合作，展出澳琴生产的健康产品、技术及相关的服务，同时邀请国内外相关企业和机构参展，加强生物医药产业与其他企业和机构的交流和联系。积极组织国际中医药应用及学术论坛，依托澳门多所大学的中医药研究及学术成就，通过论坛建立大健康领域专家和学者的交流平台，宣传澳门大健康产业的发展优势①。

二、广州科学城生物产业基地

广州国际生物岛地处广州珠江航道中段，面积 1.83 平方千米。1999 年，广州市委、市政府提出要把广州国际生物岛建设成国际性的生物技术研究及产业基地；2006 年，被国家发展改革委命名为“广州国家生物产业基地”；2008 年，被纳入《珠江三角洲地区改革发展规划纲要》，定位为重大战略平台，上升为国家战略。目前，广州国际生物岛已形成药物研发、干细胞与再生医学、精准医疗、医疗器械、大健康五大支柱产业。

（一）广州科学城生物产业基地建设的现状

广州国际生物岛全力打造粤港澳大湾区生命科学合作区、国家生物医

① 杨秋荣．建设横琴中医药创新高地，如何再发力？［EB/OL］．［2022-02-28］．综合开发研究院，https：//baijiahao. baidu. com/s？ id=1725971517065746174&wfr=spider&for=pc.

药政策创新试验区、世界顶尖的生物医药和生物安全研发中心。截至2023年底，生物岛汇聚了广州实验室、生物岛实验室等重大战略科技创新平台，聚集了生物医药企业511家，其中钟南山、徐涛、王迎军等院士项目20多个，高层次人才项目50个以上，拥有总部在生物岛的上市公司，如金域医学、一品红等。2017年以来，一批国际级的生物医药创新型项目陆续落户广州国际生物岛。其中包括阿斯利康南方总部、默克（广东）创新中心、思拓凡、赛默飞精准医疗客户体验中心、安捷伦（广州）卓越客户体验中心等7个世界500强项目，恒瑞、百济神州、绿叶、诺诚健华、康方等国内一流企业总部、区域总部和研发总部项目，联通云医疗等医疗新业态项目。2022年，广州科学城生物产业基地在创新器械审批上达到165个，处于领先地位。

（二）加快基地与周边区域协同创新发展

一是加强与广东高校推进生物医药产学研用合作。与广东药科大学等合作，共建公共技术平台、公共信息平台、公共服务平台，推动生物医药资源共享，加快研发创新。依托广州大学城的创新资源，发挥产学研协同创新优势，整合广州大学城各高校、海内外科研机构、专业机构和产业领域内资源，推动更多科技成果从“实验室”向“生产线”延伸，打造高质量国际科技创新枢纽，实现产业升级转型。

二是聚焦生命科学、信息科学等重点领域布局重大创新平台。推进布局国家大科学装置、科研机构和前沿科学交叉研究平台，支持建设人类细胞谱系大科学装置、太赫兹国家科学中心等重大科技设施，对标国家实验室，加快广州再生医学与健康广东省实验室建设，发挥科技创新资源集聚优势，支持顶尖科学家参与建设国际化实验室。

三是打造具有全球影响力的国家生物安全治理试验区。加快粤港澳大湾区生物安全创新港建设，引导国内外先进的生物安全产业高新技术企业入驻落户，与深圳（坪山）国家生物产业基地、河套深港科技创新合作区等差异化、协同化发展，推动研发及生产，进一步推动生物安全产业发展，打造高端生物产业集聚载体项目，推进生物安全产业体系建设，打造国家生物安全治理试验区。

三、深圳（坪山）国家生物产业基地

2005年6月，深圳（坪山）国家生物产业基地成为国家发展改革委批准认定的首批三个国家生物产业基地之一。坪山以生物医药产业为主导产业，以打造“深圳生物医药产业发展核心园区”为总体定位、以“全球发明、坪山转化”的产业创新为主线，聚焦生物医药前沿领域，以政策先行先试为突破口，不断提升坪山生物医药产业的发展水平。

（一）生物产业基地建设的进展情况

近年来，深圳不断加大对生物医药产业的政策支持力度。2020年，深圳市政府印发促进生物医药产业集聚发展“1+3文件”，提出将构建生物医药产业协同创新、错位发展的“一核多中心”新格局，坪山因其产业发展的基础优势以及集聚优势，成为“一核多中心”中的“核”。同年，市人大会议出台《关于加快生物医药产业高质量发展的决定》，明确提出支持坪山打造深圳生物医药产业核心集聚区，为坪山生物医药产业的发展提供政策支持。

深圳坪山国家生物产业基地出台了鼓励、支持生物医药与健康产业发展的政策措施，推行全面而精准的扶持政策，扶持范围广，涵盖产业链各个环节，整体扶持力度大，如在新药研发方面，在研发创新，取得临床批件，完成临床Ⅰ期、Ⅱ期、Ⅲ期、药品生产批件，药品生产批件地址变更等方面均有扶持，具体如表9-1所示。

表9-1　深圳坪山区生物医药创新产业园支持政策

环节	支持政策
新药研发	在扶持广度上，坪山区覆盖环节最多，在研发创新，取得临床批件，完成临床Ⅰ期、Ⅱ期、Ⅲ期、药品生产批件，药品生产批件地址变更等方面均有覆盖
仿制药	在扶持力度上，对全国前3位通过仿制药一致性评价的品种按每个品种一次性给予200万元奖励，同一企业年度获得本项奖励总额最高可达1000万元
医疗器械创新	在扶持广度上，涵盖医疗器械注册证、医疗器械生产许可证、医疗器械注册证书变更至当地等多个环节

续表

环节	支持政策
资质认证	对首获 GLP、GCP、GMP 认证的扶持力度最高可达 500 万元
企业引进与培育	在扶持广度上，企业引进、培育等多个环节均有覆盖
公共服务平台建设	在扶持广度上，全面覆盖 CRO、医药制造外包服务（CMO）、CDMO、第三方检测服务平台、其他产业服务平台、临床医学中心等平台
上市许可人	在扶持广度上，全面覆盖上市许可及药品批准、上市许可及药品迁入、上市许可人生产委托企业等多个环节。在扶持力度上，坪山区对获得上市许可及药品批准文号的研发机构每个批准文号给予 500 万元，每个主体年度最高奖励 1000 万元

资料来源：根据公开资料整理。

此外，2017 年，坪山区出台了生物医药产业专项支持政策，近年来，对照《深圳市促进生物医药产业集群高质量发展的若干措施》《深圳市促进高端医疗器械产业集群高质量发展的若干措施》等，坪山区按照“一产业两规划两政策”出台产业发展规划、空间规划，修订企业扶持政策和人才专项政策，形成与深圳市级政策互补的梯度支持体系。截至 2022 年，坪山已有生物医药生产企业近千家，占深圳市生物医药生产企业总数的 1/4，已初步形成产业发展生态环境。

坪山区积极推动生物医药协同创新发展。截至 2021 年底，在医疗器械方面，以坪山区为申请人地址的专利有 2640 件，约占全市申请量的 20%。在生物医药方面，以坪山区为申请人地址的专利量为 888 件，约占全市申请量的 33%①。坪山已初步打通覆盖基础研发、临床前研究、检测检验、中试验证、生产服务全流程的创新链条，整合了研发、中试生产、销售流通、医疗服务等上中下游产业链企业，先后引进了广东省医疗器械质量监督检验所深圳检验室、赛诺菲巴斯德国际疫苗创新中心、中国科学院上海药物所华南安评中心、华先医药坪山 CRO 研发中心和小分子新药 CRO/CDMO 平台等多个创新平台，与普瑞金生物、爱生再生等园区企业共建公共技术服务平台，南方科技大学坪山生物医药研究院、深圳技术大学技术

① 黄诗妤．南方观察丨坪山何以为深圳生物医药产业最重要的平台？［EB/OL］．［2022-12-16］．坪山区人民政府，http：//www.szpsq.gov.cn/zwgk/mtbd/content/post_10345236.html.

成果转化中心等产学研用一体化机构也相继落户，为企业、高校、科研机构等协同创新创造了良好的生态环境。

（二）加快基地与周边区域协同创新

一是推动与周边区域的医疗器械协同创新、全面合作。强化与国家高性能医疗器械创新中心的交流合作，建立医疗器械创新中心，采用“公司+联盟”方式，由产业链龙头企业及相关科研院校共同成立医疗器械技术创新战略联盟，与北京、上海、长三角等医疗器械省级中心加强合作，向国内企业授权许可使用专利，推动大湾区医疗器械产业上下游协同创新发展，加快医疗器械行业将传统工业与现代医学影像技术、生物医学工程、电子信息技术等高新技术相结合，围绕医疗器械重点细分领域，谋划新建专业孵化载体，重点吸引一批平台型企业跨界布局的医疗器械初创项目与深港澳医疗器械创业项目，共同打造具有国际影响力的医疗器械研发基地。

二是建立片区联动机制，推动官、产、学、研协同创新。引进香港、澳门、广州等知名高校重点生物医药科研项目，支持港澳全国重点实验室在园区拓展空间，支持跨学科基础研究及技术攻关。协同香港引进国际知名研发型企业，携手设立联合研发中心。支持发展创新药物，共建生物医药公共研发服务平台。与前海、河套、光明等重点片区建立常态化联系方式，形成适度错位、强化协同的发展格局。推动形成生物医药创新研发、成果转化、生产制造的全链条产业生态体系，打造生物医药产业核心集聚区。

三是与周边区域打造生物医药产业人才链。引进生物医药各细分领域人才，形成多层次、多梯度的行业人才体系，推动坪山与深圳技术大学合作共建质量和标准学院。加快建设生物医药特色产业学院——深圳职业技术学院·海普瑞生物医药学院，为坪山及周边区域培养高质量的生物医药人才。

四、其他城市生物医药协同创新平台

佛山云东海生物医药产业园、东莞松山湖高新技术产业开发区、珠海高新技术产业开发区、中山火炬高技术产业开发区等是大湾区生物医药协同创新重要的产业园区，通过积极推动生物医药产业发展，在企业集聚、创新研发、项目进驻、服务平台构建等方面取得了一定的成效。

（一）佛山云东海生物医药产业园

云东海生物医药产业园是佛山发展生物医药的重要平台，将大力发展高端医药、高端医械、高端医疗，建设国际知名、国内一流的千亿元级新产业平台，打造成为大湾区生物医药新增长极。

一是在政策上大力支持产业园高质量发展。根据 2022 年发布的《促进佛山云东海生物医药产业园高质量发展扶持办法》，提出要加快推进佛山云东海生物医药产业园及大同湖产业园建设。在全面建设药品监管综合改革试点工作先行区、自主创新推动医药产业高质量发展、做大做强产业园内企业品牌、打造专业化服务体系等方面提出支持举措，为产业园与周边区域的协同创新明确了方向及重点（见表 9-2）。

表 9-2　佛山云东海生物医药产业园

类别	部分支持举措
全面建设药品监管综合改革试点工作先行区	1. 推动在产业园区打造全省项目引进、审评审批、行政许可、检测检验、安全评价等领域综合改革试点工作先行区。 2. 在产业园共建佛山生物医药产业公共服务平台，靠前服务生物医药企业和创新团队，提升园区公共服务技术支撑水平。 3. 优先把落户产业园的生物医药企业和项目分别遴选为重点企业和重点项目，并申请在产业园区建设医药贸易物流区域中心，助力医药产业高质量发展。 4. 推动“港澳药械通”在佛山落地，助推港澳药品、医疗器械在粤港澳大湾区内地生产试点落户产业园，全力打造岭南中医药名城
自主创新推动医药产业高质量发展	1. 支持古代经典名方中药复方制剂在产业园生产上市。 2. 支持产业园内中药配方颗粒企业发展壮大。 3. 支持二类、三类医美或家用医疗器械产品在产业园生产上市。 4. 支持新药在国内开展临床试验并在产业园进行转化
做大做强产业园内企业品牌	1. 支持项目加大固定资产投资力度。 2. 支持企业、科研试验平台及公共服务平台落户产业园。 3. 支持企业设立地区总部。 4. 支持产业园内药品或医疗器械上市许可持有人委托生物医药企业
打造专业化服务体系	1. 为落户产业园内企业提供天使投资、股权投资、投后增值等多层次服务。 2. 加强对园区内优质企业开展股权投资，可采用财务投资、控股投资或并购等多样化投资方式投资园区企业。 3. 自其在产业园注册登记之日起 3 年内，对其在佛山市内金融机构发生的贷款给予贴息（按银行同期贷款基准利率计算）资助

资料来源：根据公开资料整理。

二是推动生物医药产业集聚发展。云东海生物医药产业园是佛山推进生物医药产业集聚和高质量发展的关键部署，目前已取得一定的成效。园区已储备多个项目，涵盖纳米中试平台、抗肿瘤药物、化学注射剂、中药口服制剂、中药发酵饮片、AED（自动体外除颤仪）和家用医疗器械、诊断设备及试剂、细胞治疗、医学外包服务等多个细分领域。根据《促进佛山云东海生物医药产业园高质量发展扶持办法》提出的目标，到 2035 年，园区将实现产值超 1000 亿元。

三是加快产业开发区与周边区域协同创新。一方面与大型国企联动合作。与大型企业开展技术协同创新，共谋规划、共建平台、共创机制、共办招商，提供药品和医疗器械全生命周期的质量管理体系建立、评估技术服务等专业技术服务，探索落户、研发、生产经营等“全程托管式”专业化服务，推进佛山生物医药产业高质量发展。另一方面与广州重点高校加强合作，加快生物医药成果转化。与以中山大学为依托单位的“疫苗及生物制品质量监测与评价重点实验室”等合作，推进成果转化。强化与广东高校在中医药产业等方面的合作，携手高校共建中医药生产基地和创新高地，助力佛山中医药产业国际化。

（二）东莞松山湖高新技术产业开发区

2021 年，根据科技部火炬中心发布的《关于通报国家高新区综合评价结果的通知》，东莞松山湖高新区在全国 157 个高新区的综合评价中排第 25 位。园区加强顶层设计，重点发展生物技术等产业。同年，生物医药被列为东莞战略性新兴产业，东莞开始着力打造七大战略性新兴产业基地之一的松山湖生物医药产业基地，重点发展生物医药、高端医疗器械、智慧医疗等产业。松山湖生物医药产业基地位于松山湖东南区域，总规划面积 2489 亩，约 1.66 平方千米，立足国家级高新区的资源优势，着力打造具有原始创新能力和国际竞争力的安全可持续发展的生物医药产业集群。

松山湖高新区作为生命科学和生物技术产业资源的主要集聚区，占据了东莞市 80%以上的生物产业创新资源，拥有大量的创新型企业、产业创新人才、创新平台，拥有东阳光药业、红珊瑚药业等生命科学和生物技术企业。建有两岸生物技术产业合作基地，并规划建设松山湖生物医药产业基地。引进了东莞暨南大学研究院、华南协同创新研究院等创新平台。松山湖高新区有能力承接更多广州、深圳、香港、澳门等粤港澳大湾区内城市的产业创新资源。

松山湖生物医药产业基地协同创新发展呈现以下四个特征。

一是生物医药产业细分领域定位明确。《东莞市战略性新兴产业基地规划建设实施方案》中细化了松山湖生物医药产业基地的产业定位，着力突破创新药物、高端医疗器械、智慧医疗等领域，培育壮大健康和生命产业集群，打造国内重要的生物医药研发制造基地。承接海外授权新药的研发生产，加快中药新药、现代新型中药的研发与培育。加快数字化医疗影像设备、新型医用诊断设备、可穿戴智能设备等电子医疗设备的研发与生产。

专栏 9-1　松山湖重点推动生物医用材料的基础研发及应用

立足松山湖科学城大科学装置和重点实验室的新材料领域创新优势，加强碳纳米管、石墨烯、材料组学等新一代材料技术与生物技术跨界融合，重点推动高端植介入医用耗材涉及的可降解金属、高分子聚合物、医用陶瓷、生物源性材料等生物医用材料的基础研发及应用，培育发展组织修复材料、可降解生物材料、可再生生物材料等生物医用材料前沿领域。重点发展生物膜材料、心血管支架、人工关节和脊柱、可降解植入骨钉、高生物相容性口腔种植修复体等高端植介入产品。支持发展体外循环耗材、特殊功效医疗耗材、3D 打印医用耗材、难治性创面敷料等新型医用耗材。

资料来源：《东莞市生命科学和生物技术产业发展规划（2021—2035 年）》。

二是积极引进生物医药大项目。2021 年 12 月，东莞重大项目——东莞市生物技术产业大厦在松山湖启动。项目规划总建筑面积近40万平方米，总投资超20亿元，已经吸引金域医学、博济医药、永胜医疗等项目。除东莞市生物技术产业大厦项目外，松山湖生物医药产业基地的主要项目还包括体外诊断试剂原料研发生产项目、万孚生物松山湖建设项目、现代牙科集团洋紫荆总部大厦、安健科技（广东）有限公司医用系统研发生产项目、先健医疗器械产研项目、广东三生制药有限公司生物研发及产业化项目。

三是检验、研发等公共服务平台逐步完善。松山湖已建成广东省医疗器械质量监督检验所（东莞中心）、东莞市食品药品检验所、松山湖生物医药创新研发公共仪器平台等产业公共服务平台。此外，建成散裂中子源、松山湖材料实验室、广东医科大学等重大科研高校平台。同时，松山湖还推动支持松湖药港产业园的开发建设。支持硼药研发及产业化，培育发展智慧医疗产业，建立市域医疗大数据中心，发展设备、医疗、数据与服务融合的新兴业态。

四是加快产业开发区与周边区域协同创新。首先，支持松山湖与广州、深圳等周边地区开展技术协同创新。鼓励材料实验室加强生物材料的应用研究，探索发展基于纳米技术的新型疫苗佐剂及载体、新型微针药膜等。推动肿瘤免疫细胞治疗技术、干细胞治疗技术、干细胞应用研究等细胞相关研究技术创新，引进细胞治疗药物研发和产业化项目。其次，提升松山湖中医药健康科技园等孵化器的专业服务能力。与广州、香港等中医药机构合作，吸引中医药创业项目入驻。发挥松山湖优越的生态优势、区位优势和品牌优势，吸引第三方医学检验检测服务机构入驻，建设区域总部、新业态总部与企业研发中心，提升科技园的专业服务能力，加快生物医药类创新企业的高质量发展。最后，加快生物医药产业创新应用推广。积极构建前沿产业创新应用先导区，依托松山湖科学城建设，重点布局前沿产业领域技术创新应用与医疗器械轻型生产等功能。加快布局中子治疗产业技术研究院、中子治疗临床试验中心与应用试验空间等创新应用平台和专业应用场景，集聚中子治疗创新应用的相关企业。引进脑机接口、虚拟现实康复训练设备等前沿产业领域创新创业项目。探索建设健康医疗智能终端设备专业园，打造健康医疗智能终端设备制造的数字化工厂。加强与河套深港科技创新合作区、香港高校医药相关学院的协同合作，培育生物制药研发和中试环节，促进创新药物应用推广。

（三）珠海高新技术产业开发区

珠海高新技术产业开发区是国家自主创新示范区主平台，主园区重点打造以软件和集成电路、生物医药和医疗器械、智能制造和机器人为主导，以智能电网和新材料、智慧视觉、海洋产业等为特色的产业集群。

一是集聚了高质量发展企业。近年来，生物医药与医疗器械产业版图在珠海高新区加速拓展。截至 2023 年 6 月，珠海高新区集聚生物医药与医疗器械上市企业 3 家、规上企业 28 家，均占珠海市产业领域数量的一半左右，高成长、创新型企业近百家，产业集群以及规模化效应加速显现。生物医药和医疗器械产业已形成了血液净化、基因重组药物等特色产品门类，聚集了健帆生物、亿胜生物、宝莱特、赛乐奇等业内近百家高质量发展企业，拥有国际水平的血液净化设备、基因药物、基因芯片、数字化 X 射线系统、CT 球管等产品，企业数量近 5 年年均增长率超过 20%。目前，高新区已在金鼎片区规划设立 1 平方千米生物医药产业园，支持企业提高原研药、首仿药和新型制剂的创新能力，发展高端医疗器械设备。

二是生物医药产业发展政策完善（见表 9-3）。2021 年，珠海（国家）高新技术产业开发区管理委员会出台《珠海高新区促进生物医药产业发展若干政策措施》，在人才服务和政策支持、生物医药企业发展方面给予支持，尤其是吸引人才方面，对不同类型的人才分别给予 80 万元、40 万元和 10 万元的生活补贴；在产业人才培养方面，支持高校学科建设，对生物医药相应专业每招收 1 名本科生、硕士研究生、博士研究生，分别给予高校 2000 元、5000 元、10000 元的一次性奖励，表明珠海为了引才育才，给予了大力的支持。

表 9-3 珠海高新区生物医药主要举措

领域	类别	举措
人才服务和政策支持	建立生物医药产业人才库	制定《珠海高新区生物医药产业人才目录》，符合目录标准的各类人才，经高新区生物医药和医疗器械产业发展办公室组织专家评审后纳入产业人才库。在库人才具备相应资格条件，可申请享受本条款相关政策扶持
	支持人才引进	鼓励企业引进人才。对新引进入库人才的企业，按该人才年度工资薪金所得的 10%给予企业一次性引才补贴
	加强人才培养	1. 支持高校学科建设。对新增设医学、药学、生物医学工程相关学科博士、硕士学位授权点的辖区高校分别给予一次性资助 500 万元、300 万元。 2. 支持产业人才培养。上述新增设专业正式招生后，每招收 1 名本科生、硕士研究生、博士研究生，分别按 2000 元、5000 元、10000 元的标准给予高校一次性奖励
生物医药企业	对在高新区租用物业的生物医药企业给予房租补贴	实缴注册资本在 15 万美元（含）或 100 万元（含）以上的生物医药企业，对 1000 平方米（含）以内的租赁面积，按每月每平方米 15 元的标准给予房租补贴。 对 2000 平方米（含）以内的租赁面积，按企业实缴租金的 50%给予房租补贴支持（每月每平方米不超过 25 元）
	对在高新区购置物业的生物医药企业给予购房补贴	对拥有药品或二、三类医疗器械产品的注册证书，并已纳入高新区规模以上工业、规模以上服务业名录库的生物医药企业，按购置额（不含税）给予 20%的补贴，每家企业最高补贴 500 万元
	对高新区生物医药龙头高新技术企业给予奖励	对高新区当年产值（营业收入）在 15 亿元（含）以上的生物医药龙头高新技术企业，标准在次年度予以奖励

资料来源：根据公开资料整理。

三是注重医药研发创新发展。高新区近年来聚焦优化营商环境，持续完善管理服务机制，聚力培育优势企业，推动企业不断提升自主创新能力和核心竞争力，积极打造创新与产业“双链”融合的生态圈。2021 年，高新区全年共有 8 家生物医药领域企业入选市独角兽培育库，现有省级新型研发机构 3 家，省级工程技术中心 5 家，省级企业技术中心 3 家。以入选省级新型研发机构的普米斯为例，2021 年公司研发投入占年收入总额超 30%，在职研发人员占比高于 70%。借助其公共生物蛋白类药物检测平台，普米斯面向省内产业发展需求，在医药研发、成果转化及高端人才集聚等方面持续发力。2021年12月，普米斯自主研发的抗PD-L1/TGF-β双特异性融合蛋白PM8001，获得FDA批准开展Ⅱ期国际多中心临床试验，普米斯全球化战略进入实质性运作阶段。

四是加快发展医疗器械产业。生物医药与医疗器械产业作为珠海高新区特色产业集群之一，正加快形成血液净化、基因重组药物、生命监护、医学影像、体外诊断试剂、植介入医疗器械六大特色细分产业。下一阶段，珠海高新区将加快打造唐家湾医疗器械研发生产基地。

专栏9-2　珠海通桥医疗科技有限公司前瞻布局新产品研发

通桥医疗于2016年成立于珠海高新区，是一家从事神经血管植介入医疗器械自主研发、成果转化及产业化的高新技术企业。通桥医疗长期致力于产品研发、优秀人才引进等工作，持续推动产品迭代。截至2023年，共申请专利和商标200余项，前瞻布局了超30项新产品的研发。通桥医疗组建的“广东省神经血管植入介入医疗器械工程技术研究中心”入选广东省工程技术研究中心名单，可加快推进研发与成果转化的深度融合。通桥医疗已获国家药品监督管理局三类医疗器械注册证9张、二类医疗器械注册证2张，3个产品获欧盟CE认证。2020年，其取栓支架产品成为全国第89个获批上市的创新医疗器械产品，这是广东省第一个神经介入创新产品、珠海市唯一的医疗器械创新审批产品。

下一阶段，通桥医疗将通过部署统一的智能制造平台与自动生产、自动检测产线，实现生产、质检、灭菌、包装等全流程智能管理，打造万物互联、智能化生产、网络化协同的“未来工厂”。

资料来源：根据公开资料整理。

五是在加快高新区与周边区域协同创新方面，一方面鼓励与广州、江门、中山等城市加强合作。联动珠海国际健康港，打造集生物医药产、学、研、销、服等功能于一体的综合性平台，构建集创新研发、公共服务、产业转化、金融投资、商业物流于一体的全产业链体系，将其建设成国际国内知名的创新药、高性能医疗器械和医疗人工智能产业高地。另一方面支持与横琴粤澳深度合作区加强中医药合作。发挥澳门国家中医药服务出口基地的作用，支持园区与横琴发展中医药服务贸易。争取在园区设立试点机构，推广“港澳药械通”试点。此外，借助在澳门设立企业的便利，鼓励园区科研成果实现产业化，积极拓展澳门市场。支持园区与横琴开展多种产学研合作，包括接受企业定向开发立项调研、专利成果转让、建立联合实验室、技术支持初创企业等。

（四）中山火炬高技术产业开发区

2021 年 12 月，中山火炬高技术产业开发区以“生物医药”特色产业园入选为广东省首批 19 个特色产业园之一。中山火炬高技术产业开发区（以下简称“中山高新区”）是首批国家级高新区，生物医药与健康产业是中山高新区主导产业之一。中山高新区生物医药与健康产业以中山高新区国家健康基地为核心集聚区，形成了政、产、学、研、贸相结合的一体化发展模式、密集的产业集聚、完善的产业链条和配套能力，吸引了国内外知名的生物医药企业落户。

一是政策支持体系完善，注重研发和产业化资金支持。2023 年，中山高新区印发《生物医药与健康产业扶持办法》，在重点产业项目落地、公共服务平台支持、研发和产业化支持、医工融合支持等方面加大力度，特别是在研发方面，对于完成Ⅰ、Ⅱ、Ⅲ期临床试验的，分别最高资助 1000 万元、2000 万元、3000 万元，体现出开发区对生物医药创新研发的高度重视与大力支持，具体如表 9-4 所示。

表 9-4　中山高新区生物医药政策主要举措

类别	政策列举
重点产业项目落地支持	对于世界 500 强、中国 500 强和中国医药工业百强、国内外上市企业国内总部落户的，分别给予最高不超过 5000 万元、3000 万元、2000 万元的补助
公共服务平台支持	对于开展技术研发、检验检测、精准医学研究、生物医药和医疗器械创业孵化、注册申报服务等业务的生物医药与健康产业公共服务平台，经区经济科技部门对应的上级业务主管部门认定或经区组织评审认定为重点发展生物医药与健康产业公共服务平台的，择优给予租金、建设费、运营费补贴支持
	支持建设 CMO/CDMO

续表

类别	政策列举
研发和产业化支持	按照中国药品注册分类，对每个1类中药、化学药、生物制品（按药品管理的诊断试剂除外），按照实际研发投入的50%给予补贴；取得临床批件的，最高资助800万元
医工融合支持	支持二级及以上综合医疗机构租赁使用区生物医药企业自主研发生产的医疗仪器设备产品，给予最长不超过36个月的仪器设备租赁费用补贴，在12个月周期内补贴最高不超过200万元且不超过实际发生的租赁费用。每家单位每年补贴最高不超过400万元

资料来源：根据公开资料整理。

二是"强链"提升，生物医药产业生态体系完善。经过多年发展，中山高新区国家健康基地积累了扎实的产业基础，产业链不断完善，产业生态逐步实现了从"补链"到"强链"的跃升，构建了新药研发、检验检测、中试研究、GMP生产、临床试验、金融资本等产业生态体系。通过对接大湾区健康医药行业创新科技、资本人才等高端要素资源，加强重点项目引进，实施骨干企业培育工程，强化创新技术研发支持，培育打造健康医药产业集群，不断提高健康医药产业竞争力。

三是突破创新瓶颈，大力鼓励新药研发。近年来，中山高新区在药品获批上市、药品临床Ⅲ期等重大节点给予企业资金补助，鼓励新药研发。中山高新区充分赋权赋能产业园进行政策设计及执行、产业体系构建及运营，整合资本、人才、技术等核心要素，加快突破创新药研发的产业化瓶颈，推动政府、企业、平台协同创新。

专栏9-3　康晟生物加快全产业链发展

2022年，中山火炬高技术开发区的中山康天晟合生物技术有限公司（以下简称"康晟生物"），已发展为国内首个同时拥有商业化宿主细胞株开发系统和动物细胞培养基、生物医药CDMO研发和规模化生产服务的企业，其核心产品细胞培养基——生物制药原液生产核心原料填补了国产上游供应链空白。在毕马威中国发布的"2022年首届生物科技创新 50 企业”榜单中，康晟生物进入榜单。2022 年 6 月，国家药品监督管理局官网显示，康晟生物自主研发的 PD-1/CTLA-4 双特异性抗体新药卡度尼利单抗注射液已获批上市。康晟生物将加快全产业链发展，助力本土生物制药产业发展。

资料来源：根据公开资料整理。

四是提升健康基地企业全生命周期服务能力。2022 年 5 月，中山药品进口口岸启用、广东省制药产业计量测试中心揭牌、医药全产业链 MAH 生态平台落户，中山高新区生物医药产业链条更长、配套更全、服务更优，为企业提供全生命周期服务，有助于加快中山打造千亿级生物医药产业集群。

五是承接东岸生物医药产业外溢。在珠江东西两岸融合发展的大背景下，中山高新区生物医药产业需要更加紧密地“链”向湾区，在承接优质产业的过程中提升创新能力，突破发展瓶颈。为承接深圳、东莞等城市的产业外溢，在生物医药等优势产业互动合作方面拓展更大空间，中山高新区着力强优势、补短板，加快完善生物医药产业链、创新链和服务链，依托中山火炬国家高新区，联动广州、深圳，立足大湾区，面向全世界，逐步建成一个覆盖原料药、制剂、中成药、生物制品等多领域，以原料药、医药中间体为特色的现代医药主题产业园，为中山市生物医药与健康产业延伸及发展提供有力支撑。

六是在加快产业开发区与周边区域协同创新方面，首先，加强与深圳、广州等地生物医疗产业的合作，进一步创新合作模式和机制。建设大湾区健康医药产业科技成果转移转化示范区，在项目落地、项目融资、规范化管理等方面对医药企业进行全方位支持。依托中国科学院药物创新研究院中山研究院等创新载体，提升中山高新区国家健康科技产业基地、华南现代中医药城等园区，积极谋划建设西湾医药与健康产业园，支持一区多园或镇街合作，重点引进龙头、骨干及创新加速项目，打造中山市健康医药迅速成长的高质量发展示范区。重点支持广东药科大学、香港大学与中山共建新型研发机构（科技企业孵化器及技术转移中心）、生物医药国家重点实验室中山分室。其次，与香港合作创建国家级生物医药科技创新区。发挥香港的医药监管体制机制、自由港功能、连接国际等作用，在全球创新药同步应用、细胞免疫治疗等前沿医疗技术方面推进合作研究。对接香港大学生物医药国家重点实验室、香港科技园等高端创新资源，依托中山孵化加速载体和产业园实现技术转化。利用中山的产业基础和香港的资源优势，打造成为国家级生物医药研发集聚区、生物医药产业基地、高端医疗科技服务集聚区，进一步深化合作创新示范基地及健康领域高层次的国际交流合作平台。最后，加强与深圳对接合作推进医疗器械发展。以深中大桥即将开通运营为契机，支持具有区位优势的翠亨新区与深圳医疗器械产业园、东莞松山湖高新区等区域加强合作，形成产学研协同创新产业链。

第十章

粤港澳大湾区生物医药协同创新的要素流动保障

创新要素高效联通、便捷流动，能够让粤港澳大湾区的创新资源产生聚合反应，释放全新动能，催生世界级产业集群。港澳拥有多所世界百强大学，大湾区内地城市具备完善的产业链，市场需求庞大。国际知名企业、科研院所，以及重大科技基础设施相继落地大湾区，将促进粤港澳大湾区生物医药科研要素互联互通，广泛聚集全球创新资源。

一、大湾区生物医药创新要素流动的制约因素

生物医药科研要素高效跨境流动，是粤港澳大湾区生物医药协同创新的重要影响因素。现阶段大湾区生物医药要素跨境流动渠道不够畅通，不利于大湾区协同创新。因此，需要大胆突破传统体制机制的条条框框，以更深层次的改革创新举措，加快推动大湾区的生物医药创新要素流动。

一是境外生物药品、器械审批流程复杂，临床获批难，制约了协同创新的步伐。目前，科研样本、试验试剂和遗传资源等监管部门涉及科技、卫生健康、药监及海关等部门，审批衔接机制有待完善，审批标准缺乏公开，调整样本量时，需重新申请，周期较长，审批时间较长影响了生物样本有效性及科研进度。生物医药类物品在检疫上，从特殊监管区出口到国外，需要申报报关，各属地海关的资料要求、申请流程、评估流程、周期等区别较大，流程复杂，导致这类物料出口受阻，影响生物医药的研发活动及国际化业务发展。

二是药品和医疗设备等进口限制较严。内地对境外药品及医疗设备配备实行严格的管制，制约了香港医疗机构在内地的发展。例如，医疗器械主要受制于“配额”，大型医疗设备进口需要申请国家配额，审批手续繁

杂，医院自行筹资购买尚不允许。再如，香港大学深圳医院由于难以获得国家配置证，未能及时购买医院所需的甲类直线加速器，不利于医疗水平的快速提升。虽然粤港澳大湾区领导小组于 2019 年公布的 16 项普及惠民及便利香港专业界别到大湾区发展的政策措施指出，“容许在大湾区内地城市的指定港资医疗机构使用已在香港注册的药物和常用的医疗仪器”，但是仅限于“香港注册的药物和常用的医疗仪器”，医疗政策开放程度有待提高。

三是科研资金过河使用难，限制较多。目前有关政策解决了中央财政资金“过河”港澳问题。但是未来在资金管理方面仍需进一步完善。港澳特区政府对科研项目管理、经费使用、人员配备和激励措施等倾向于市场化方式，特区政府对科研经费直接经费和间接经费没有特别要求，科研经费可全部用于劳务支出，分到课题组“人头”，且税负较低。与此相比，大湾区内地城市则形成了一套相对复杂、层级较多、申请流程较长的科技管理体系，科研人员经费管理自主权较弱。这导致了如果中央或地方财政科研经费在港澳“过河”使用，如果仍使用内地监管标准，会影响港澳科研团队经费使用的积极性。

四是在人员执业方面，生物医药人员执业资格互认有待加强。目前，高端生物医药人才准入管理、资格互认等存在限制，目前尚未出台相关政策支持国外药师、国外护士、持外国专业资格证书的港澳人员等来内地短期行医。香港部分专科医师可获得多个学科执业资质，如肿瘤科医师在经过放射诊疗专业培训后，可同时取得放射诊疗医师注册证书，同时拥有两个执业范围，但按内地管理规定，三级医院医师只能注册一个执业范围。

二、加快生物医药要素流动协同创新

生物医药要素流动协同创新的关键在于加快与港澳的深度合作，在大湾区内地城市资源协同创新的基础上，推动生物医药样品通关便利化，加快生物医药数据的跨境互通、支持生物医药专业人才高效流动、放宽生物医药科研经费跨境限制等，建立“生物医药协同创新科技口岸”，推动要素流动，逐步实现科研物资、人才、资金、信息高效、便捷的跨境流动。

（一）推动生物医药样品通关便利化

一是推动科研物资跨境自由流动。探索开展科研设备、耗材跨境自由流动，推出企业、高等院校、科研机构、医疗机构等“白名单”和跨境科研设备、科研样本、实验试剂、耗材等科研物资进出境“正面清单”，简化通关手续。滚动更新“白名单+正面清单”，研发用设备和样品样本进出口更加便利，创新主体研发成本进一步下降，科技创新积极性进一步提升。

二是推动生物医药样品通关便利化。对科研用生物材料、实验样品实验室比对验证材料、检测盲样等在风险可控的条件下降低准入门槛，对生物材料进行风险评估和风险等级归类，为企业提供一对一指导，提高进口报关效率。优化人类遗传资源审批准入服务。鼓励大湾区内地企业城市进行干细胞治疗、免疫治疗等新型医疗产品、技术研发，对特殊物品给予通关便利并做好档案登记。建设生物原料进出口转化平台，依托大湾区综合保税区“境内关外”区位优势以及“保税、免税、免证”政策优势，简化生物样品报关流程，打造生物医药保税研发平台，对生物品种的进出口发挥监管和引导作用。完善研发试剂快速进口机制，制定进口“白名单”，联合海关提供全流程服务。试行研发用医疗器械特许进口制度。探索“专业物流+跨境物流”的跨境模式。推动“传统+创新”结合模式，推动创新药品、疫苗、生物制品和干细胞产品等的冷链运输和跨境运输等，依托大型物流企业，以“专业物流+跨境物流”为主，服务大湾区生物医药样品通关，提升通关效率。

三是持续推动“港澳药械通”推广落实。推动更多符合条件的医疗机构先行先试引进国际前沿药品和医疗器械。将更多公立医院、私立医院纳入“港澳药械通”指定医疗机构名单，扩展港澳药械使用地点、范围、目录，为大湾区居民提供便利的港澳药品和医疗器械服务。推动香港名医诊疗中心入驻医疗机构一体化纳入“港澳药械通”试点。

专栏 10-1　乐城医疗药品监督管理局高效受理临床急需药品和医疗器械进口申请

乐城医疗药品监督管理局是海南省卫生健康委员会和省药品监督管理局联合派驻博鳌乐城先行区的行政机构，海南省卫生健康委员会为该机构的主管部门，海南省药品监督管理局为业务指导部门，列入省卫生健康委员会机构编制序列管理。乐城医疗药品监督管理局的主要职责为负责先行区内医疗卫生机构及其执业人员的执业活动监督管理；先行区内公共卫生健康、药品、医疗器械和化妆品的监督检查；受理先行区内临床急需药品和医疗器械的进口申请、初核和使用管理等。

资料来源：根据公开资料整理。

四是争取医疗器械税收优惠。依托广州健康医疗中心、白云生物医药产业基地、国际医药港、深圳坪山生物医药创新产业园、华南物流园区等，试点医疗器械、高端制造设备贸易便利化、零关税等优惠政策，利用香港资金优势以及跨境设备采购便利性，提高医疗器械跨境通关效率。

（二）加快生物医药数据的跨境互通

一是加快生物医药数据的跨境互通。2023 年 6 月 29 日，国家互联网信息办公室与香港特区政府创新科技及工业局签署《关于促进粤港澳大湾区数据跨境流动的合作备忘录》，在国家数据跨境安全管理制度框架下，建立粤港澳大湾区数据跨境流动安全规则，促进粤港澳大湾区数据跨境安全有序流动，推动粤港澳大湾区高质量发展。建议支持临床数据互通流程互认，降低生物医药数据要素交易和跨境限制，尽快争取建立国际通信专用网络，创造与国际“无速差”的工作和生活通信环境。推动科研所需信息数据流动，率先在横琴、前海、南沙、河套等科研机构接入国际互联网。建设医疗数据储存库，加快制定医疗数据存储、管理、传输等标准，探索数据跨境流动沙盒监管机制，在安全可控的前提下，促进港澳与内地医疗机构和科研院所进行数据共享。

专栏 10-2　深圳数据交易所完成了全国首笔场内跨境数据交易

2022 年 11 月，深圳数据交易所完成了全国首笔场内跨境数据交易。针对市场对数据跨境实务具体、细致的指导需求，深圳数据交易所初步建立多元共治、多方协同的跨境数据交易合规体系。目前，深圳数据交易所实现 14 笔跨境交易，交易总金额为 1115 万元，交易数据商主体涉及和讯华谷、数库科技，产品形态为数据产品、数据服务，包括月狐 App 数据产品和新闻分析数据，主要应用于商业分析及投研风控领域。推进跨境数据交易，深圳数据交易所还与香港生产力促进局建立了战略合作，探索推动深港两地的工业数据跨境流通。开展跨境数据流通和交易风险评估相关研究工作，并参与前海、河套等地区开展跨境数据交易试点工作。

资料来源：根据公开资料整理。

二是加快推动人类遗传资源过境港澳试点实施。目前，香港大学深圳医院、香港中文大学深圳研究院、香港浸会大学深圳研究院和香港科技大学深圳研究院等 5 家机构获批人类遗传资源过境港澳试点，需要加快落实推进，在风险可控的条件下深化医疗科技创新领域对香港开放共享，推动人类遗传资源在医学科学研究、控制重大疾病、新药创新、提升居民健康水平方面发挥重要作用。

专栏 10-3　人类遗传资源管理海南地区服务中心落成

2022 年 6 月，由科技部中国生物技术发展中心指导，经海南省科技厅授权，人类遗传资源管理海南地区服务中心在海南博鳌乐城国际医疗旅游先行区落成揭牌，标志着海南省人类遗传资源管理工作迈出了实质性的关键一步，对于筑牢海南自贸港生物安全防控底线、推进海南生物医药产业发展具有重要意义。服务中心落成后将主要开展人类遗传资源行政审批事项申报指导业务，包含事前咨询、办理材料形式审查指导、办理材料技术指导、审批结果咨询与跟踪指导等，并配合海南省科技厅开展海南省人类遗传资源管理相关工作。

资料来源：根据公开资料整理。

三是联合香港共建生物医药产业信息平台。建立大湾区生物医药信息交易服务平台。促进医疗产业数据化，推动基于临床实际需求的靶向性研究，加快成果产业化运用。利用数字化技术推动医药科技成果转化。加强科研数据、创新数据、基金数据、科技成果转化评估大数据等信息服务，构建“互联网+”的生物医药科技成果转化大数据平台，提供法律咨询、中试孵化、投融资、技术交易等系统性、全面性的增值服务。设立大湾区生物医药专家数据库，对高层次人才的引进设置专家评价委员会，采取“一事一议”制度。

专栏 10-4　建立香港生物科技产业信息索引平台（Directory）

Directory 囊括香港生物科技创新产业的所有持份者，如政府、社会组织、大学与科研机构、产业科研企业、服务（如投融资、知识产权保护、估值、CRO、CDMO 等）企业的详尽且核心的资料，如简介、科研领域、核心技术、投资领域、相应部分负责人、联系方式等。此外，还应涵盖最新的行业信息、政府政策与资助计划等，包括但不限于：Directory 应被纳入政府部门，并保持独立自主的平台，进行长期运营，以便服务与便利香港本土及跨国生物科技企业或项目，生物医药领域相关持份者进入香港，并开展科研与商务活动。

Directory 的短期（3~5 年）目标为广泛应用于香港生物科技创新

产业；长期计划则应探索与粤港澳大湾区甚至内地其他城市的合作，联动整合，形成强大的中国生物科技产业信息索引平台，进而提升整个行业的基础设施水平，以此造福中国本土的生物科技科研企业，以及希望进入中国市场的海外项目。在经营模式方面，短期内由社会组织发起并主导，在特区政府的支持下进行平台搭建、运营与前期维护，同时探索平台的后续维持与运作。从长远发展来看，Directory 将通过平台的创收来维持运营。

资料来源：根据公开资料整理。

（三）支持生物医药专业人才高效流动

一是支持生物医药科技人才柔性双向流动。支持生物医药企业科研人才到高校、科研院所兼职，推动高校、科研院所加大对企业科研人才的吸引力度，设立一定比例流动岗位，支持人才在高校、科研院所和企业之间合理流动。便利科研人员跨境通关，为生物医药科研人员开设绿色通道，采用“白名单制”提高通关便利性。进一步便利科研人员跨境执业，加快认可科研人员在境外取得的有关执业资格和执业经历。

二是扩大医生、护士执业资格认可范围。进一步扩大医师职称评价和职业资格认可范围。建议争取政策支持，进一步扩大医师职称评价和执业资格认可范围，同时优化审批程序，压缩审批时限，更加便利香港医师在大湾区内地城市提供医疗服务。率先支持符合条件的护理、物理治疗师，职业治疗师，放射等医疗类香港人才纳入职称评价和职业资格认可范围。支持香港私家医生在内地多点执业。支持符合条件的香港私家名医纳入大湾区人才范围，鼓励其在内地多点执业。加快香港名医诊疗中心建设进度，推动实现实质化运营，打造优势专科和培育本地人才，设定政策优惠期限，吸引名医入驻。丰富医疗服务项目，扩大影响力。增加招聘香港中医师的公立中医医疗机构试点，加快推动更多香港执业医师高级职称认定。

三是建立跨境科研人员“白名单”。探索建立大湾区内地企业、医疗机构、高等院校、科研机构等科研人员“白名单”，给予便利通关措施，加快推进香港与内地医疗的深入合作。对通勤式往返、工作日多次往返等香港医护人员，颁发多次出入、时间灵活的“绿色通道签证”，提升通关效率。

（四）放宽生物医药科研经费跨境限制

一是推动金融服务实体经济发展。大力发展跨境金融，包括拓宽多种形式的产业融资渠道，扩大港资和其他外国资本使用范围。研究成立大湾区生物医药产业基金，探索产业基金模式创新，吸引海外资金回流等。积极对接国家、省有关金融政策，加强金融与制造项目、创新创业项目的对接，推动生物医药快速集聚发展。

二是便利港澳生物医药科研资金跨境流动。一方面，争取支持，为港澳及境外机构投资者通过合格境外有限合伙人（QFLP）形式投资湾区内地企业和项目提供便利支持，对符合条件的按有关规定予以奖励。另一方面，推广实施跨境人民币贷款试点政策。借鉴前海经验，积极推广跨境人民币贷款试点政策，推动大湾区内地企业从香港、澳门经营人民币业务的银行借入人民币资金，在符合国家有关政策和满足区域中国人民银行支行监管要求的前提下，在大湾区其他生物医药平台用于建设与发展。

三是探索开展经费使用“包干制”改革试点。目前，香港的大学及科研机构已参与建立多个粤港澳联合实验室及建立两个实验室的香港分支机构，约360个研发项目获得内地科研资金。广东全省科研经费跨境拨付至港澳累计超3.7亿元，惠及10余所港澳高校和科研机构。深圳等地将扩大高校和科研院所更多科研自主权，新设高等院校稳定资助项目，建议探索开展经费使用“包干制”改革试点，强化高校主体责任和科研人员主体地位，在充分信任的基础上赋予更大的人、财、物支配权，避免科研人员在项目申报过程中耗费大量精力，使科研人员潜心向学、创新突破。

四是改革重大科技项目立项和组织实施机制。建立以专家意见为主导的项目遴选机制，技术攻关重点项目等科技计划项目指南由专家评审择优产生。精简科研项目管理流程，减少不必要的申报材料，推行“材料一次报送”制度。对于自由探索类基础研究项目和资助金额较低、实施周期较短的项目，以承担单位自我管理为主，可适当降低过程检查难度。

参考文献

［1］巴曙松，谌鹏，梁新宁，等．粤港澳大湾区协同创新机制研究——基于自由贸易组合港模式［M］．厦门：厦门大学出版社，2020.

［2］陈岸明，魏东原．粤港澳大湾区重大科技基础设施布局的优化分析——基于国际比较的视角［J］．国际经贸探索，2020(10).

［3］陈广汉，谭颖．构建粤港澳大湾区产业科技协调创新体系研究［J］．亚太经济，2018(6).

［4］陈捷，曲静，娄智勇，等．生物学特征、趋势及资助对策研究［EB/OL］．［2022-04-20］．中国发展门户网，http：//ydyl. china. com. cn/2022-04/20/content_78176356. htm.

［5］陈金梅，马虎兆．滨海新区与浦东新区、中关村科技园区发展比较研究［J］．上海经济研究，2015(1).

［6］陈锡强，赵丹晓，练星硕．粤港澳大湾区科技协同创新发展研究：基于要素协同的视角［J］．科技管理研究，2020(20).

［7］陈雄辉．广东“四链”融合发展研究［M］．广州：南方出版传媒，广东人民出版社，2017.

［8］池仁勇，廖雅雅，郑伟伟．大湾区经济发展的新模式：产业生态与创新生态融合与演化［J］．自然辩证法研究，2021(6).

［9］崔志新．“一核两翼”科技创新协同之核［J］．前线，2020(9).

［10］邓思杨，李晓宇．加快推进云南省生物医药和大健康产业高质量发展的对策建议——借鉴新加坡生物医药科学产业政策支持经验［J］．云南科技管理，2019(6).

［11］樊纲，樊建平．国家战略科技力量：新型科研机构［M］．北京：

中国经济出版社，2022.

[12]范旭，刘伟．基于创新链的区域创新协同治理研究——以粤港澳大湾区为例[J]．当代经济管理，2020(8)．

[13]方向阳．苏州打造生物医药产业地标的对策思考[J]．江南论坛，2021(3)．

[14]高小宁，欧光军，蔡姝莎，等．生物医药产业创新效率评价及提升路径研究——以湖北省为例[J]．科技管理研究，2018(14)．

[15]顾瑶华，操桂兰，董锐，等．我国生物制品分段生产可行性建议——基于苏州工业园区生物医药产业的探索[J]．中国食品药品监管，2021(12)．

[16]广东省药品监督管理局，国家药品监督管理局南方医药经济研究所．粤港澳大湾区生物医药产业发展报告(2022版)[M]．北京：中国医药科技出版社，2023.

[17]广东省中医药局．【非凡十年看广东】高起点推动中医药高质量发展[EB/OL]．[2022-10-14]．http：//szyyj. gd. gov. cn/gkmlpt/content/4/4029/post_4029525. html#1972.

[18]郭丽娟，刘佳．美国产业集群创新生态系统运行机制及其启示——以硅谷为例[J]．科技管理研究，2020(19)．

[19]胡海鹏，袁永，莫富传．美国促进生物医药产业创新发展政策经验及启示[J]．科技和产业，2021(9)．

[20]胡明东．生物医药大时代[M]．北京：社会科学文献出版社，2019.

[21]黄凤媛，孟光兴．基于社会网络视角的生物医药产业协同创新网络研究——以广东省为例[J]．中国新药杂志，2020(18)．

[22]黄国妍．促进在沪跨国公司总部能级提升的思路与对策[J]．科学发展，2022(11)．

[23]江洋，柯樱．张江生物医药创新体系建设，构建研发转化与监管的沟通桥梁[J]．张江科技评论，2022(6)．

[24]李鹏，金立波，李校堃．生物医药领域如何深化产教融合——温

州市生物医药协同创新中心的启示[J]. 中国高校科技，2018(9).

[25]李树祥，褚淑贞，杨庆，等. 江苏省生物医药产业产学研专利合作网络演化分析[J]. 科技管理研究，2021(14).

[26]李文辉，丘芷君. 粤港澳大湾区协同技术创新现状与趋势[J]. 科技管理研究，2021(2).

[27]李燕，伍文中，陈平. 高校科技创新与经济发展的协同性探索——以广深港澳4个城市近年相关数据分析为例[J]. 中国高校科技，2020(6).

[28]李好."张江研发+上海制造"行动，加速创新成果在沪落地[J]. 张江科技评论，2022(6).

[29]林红娟. 美国华人高技术人才的跨国流动研究[D]. 广州：暨南大学，2022.

[30]林居正，厉无畏，肖钢. 香港与深圳深化合作战略研究[M]. 北京：人民出版社，2022.

[31]刘璟. 粤港澳大湾区产业创新生态重构机理与路径选择[J]. 科技管理研究，2021(11).

[32]刘应彬. 第四届粤港澳大湾区金融发展论坛主题演讲[EB/OL]. 香港金融管理局，[2021-12-13]. https://www.hkma.gov.hk/gb_chi/news-and-media/speeches/2021/12/20211213-1/.

[33]刘宇，康健，邵云飞. 产业共性技术协同创新的三螺旋演进与动力研究——以成德绵生物医药产业的比较为例[J]. 中国科技论坛，2017(12).

[34]刘志华. 区域科技协同创新绩效的评价及提升途径研究[D]. 长沙：湖南大学，2014.

[35]马晓玲. 美国建设生物医药创新高地的实践及对我国的启示[J]. 中国科学院院刊，2023(2).

[36]孟炯. 生物制药供应链三维立体协同创新模式[J]. 技术经济，2015(10).

[37]莫富传，胡海鹏，袁永. 韩国生物医药产业创新发展政策研究

[J]. 科技创新发展战略研究，2021(3).

[38]曲凤宏．我国医药产业创新系统研究[D]. 沈阳：沈阳药科大学，2011.

[39]上海：建设世界级生物医药产业集群[N/OL]. 解放日报，[2022-01-22]. http://www.gov.cn/xinwen/2022-01/22/content_56698 51.htm.

[40]上海复星医药(集团)股份有限公司．上海产医融合加速生物医药企业创新发展[J]. 张江科技评论，2022(6).

[41]上海市生物医药产业促进中心．生物医药“明日之星”培育上海生物医药产业发展未来[J]. 张江科技评论，2022(6).

[42]孙延明，涂成林，谭苑芳，等．中国粤港澳大湾区改革创新报告(2023)[M]. 北京：社会科学文献出版社，2023.

[43]汤琦．国际先进的医学健康产业园区发展模式及对上海的启示[J]. 张江科技评论，2022(6).

[44]唐军．2021—2022 年上海生物医药产业高质量发展纵览[J]. 张江科技评论，2022(6).

[45]佟宇竞．促进生物产业发展的战略思路与建议——以广州为例[J]. 科技管理研究，2017(21).

[46]王国红，贾楠，邢蕊．创新孵化网络与集群协同创新网络的耦合研究[J]. 科学学与科学技术管理，2013(8).

[47]王国红，梁晓燕，邢蕊．区域协同创新网络的结构风险研究——以国内外生物医药基地的对比分析为例[J]. 当代经济，2014(7).

[48]王韵琪，邓建平．推进苏州打造中国生物医药产业地标的调查与思考[J]. 科技视界，2022(8).

[49]文雅靖，王万里．粤港澳大湾区制度创新研究[M]. 北京：中国经济出版社，2023.

[50]谢来风．国际科技创新中心建设：粤港澳大湾区的模式与路径[M]. 北京：社会科学文献出版社，2023.

[51]许斌丰．技术创新链视角下长三角三省一市区域创新系统协同研究[D]. 合肥：中国科学技术大学，2018.

[52]杨波．生物医药产业创新能力评价体系的研究及提升策略[D]．沈阳：沈阳药科大药，2013.

[53]杨秋荣．粤港澳大湾区医疗协同发展方略[J]．开放导报，2020(1).

[54]尹政清，白京羽，林晓锋．美国生物医药产业竞争力分析与启示[J]．中国生物工程杂志，2020(9).

[55]俞静．全球城市视角下上海生物医药产业布局规划思考[J]．上海城市规划，2021(2).

[56]宇岩，祝林，王春明．基于专利地图的东京湾区生物医药产业发展态势分析与启示[J]．世界科技研究与发展，2022，44(6).

[57]张聪慧，高天昊，汤天波．英国剑桥生物医学园区建设对我国的启示[J]．科技中国，2021(11).

[58]张海龙．中国生物医药产业创新发展对策研究[D]．长春：吉林大学，2020.

[59]张海燕，李晓晴，张晶．我国药物研发协同创新机制初探[J]．中国新药杂志，2016，25(17).

[60]张武军，翟艳红．协同创新中知识产权保护问题的研究[J]．科技进步与对策，2012，29(22).

[61]王玉芬．江苏新医药产业协同创新选择[J]．开放导报，2014(3).

[62]张玉阁．粤港澳大湾区要素自由流通的制约及改善——以粤港口岸通关为例[J]．港澳研究，2017(4).

[63]张玉阁．十字路口的香港经济[M]．北京：中国经济出版社，2016.

[64]张钟元．创新价值链结构视角下企业创新效应研究[D]．沈阳：辽宁大学，2020.

[65]中国生物技术发展中心．《2022中国生物医药产业园区竞争力评价及分析报告》正式发布[EB/OL]．[2022-11-04]．https：//www.cncbd.org.cn/News/Detail/13861.

[66]生物医药资源加速聚集　专家支招设大湾区创新“新硬核”[EB/

OL]. 中国新闻网，[2021-05-20]. https：//www. chinanews. com. cn/gn/2021/05-20/9481384. shtml.

[67]中国研究机构生物医学科研产出增长迅速[EB/OL]. 人民网，[2022-12-15]. http：//world. people. com. cn/n1/2022/1215/c1002-32587925. html.

[68]中国医药创新促进会(PhIRDA). 构建中国医药创新生态系统[R]. 中国外商投资企业协会药品研制和开发行业委员会，2021.

[69]朱庆平. 美国生物医药研发投入及创新趋势分析[J]. 中国基础科学，2021(5).

[70]AGHMIUNI，SAMIRA KHODI，SIYAL，et al. Assessment of factors affecting innovation policy in biotechnology[J]. Journal of Innovation & Knowledge，2020，5(3).

[71]FERNALD，KENNETH，PENNINGS，et al. The moderating role of absorptive capacity and the differential effects of acquisitions and alliances on Big Pharma firms' innovation performance[J]. PloS one，2017，12(2).

[72]HUALLACHÁIN，BREANDÁN Ó，Lee，et al. Urban centers and networks of co-invention in American biotechnology[J]. The Annals of Regional Science，2014，52(3).

[73]KANG，KYUNG-NAM，PARK，et al. Influence of government R&D support and inter-firm collaborations on innovation in Korean biotechnology SMEs[J]. Technovation，2012，32(1).

[74]MCNAMEE，LAURA M，WALSH，et al. Timelines of translational science：from technology initiation to FDA approval[J]. PloS one，2017，12(5).

[75]SCHUHMACHER，ALEXANDER，GASSMANN，et al. Changing R&D models in research-based pharmaceutical companies[J]. Journal of Translation Medicine，2016，14(1).

[76]SIMPKIN V L，RENWICK M J，KELLY R，et al. Incentivising innovation in antibiotic drug discovery and development：progress，challenges and

next steps[J]. The Journal of Antibiotics Advance Online Publication, 2017, 70(12).

[77] WANG, KAI. Organizations and innovation within the biotechnology industry in China: an interdisciplinary perspective[J]. International Journal of Innovation Science, 2014, 6 (3).

[78] WANG, LILI, CHEN, et al. Patterns of technology upgrading—the case of biotechnology in China[J]. Asian Journal of Technology Innovation, 2019, 27(2).

[79] YAN, SHU RONG. Research on the eco-cluster and low-carbon technology innovation of biomedicine industry in China[J]. Advanced Materials Research, 2014.

[80] ZHANG, FANGZHU, COOKE, et al. State-sponsored research and development: a case study of China's biotechnology[J]. Regional Studies, 2011, 45(5).

后　记

生物医药是关系国计民生和国家安全的战略性新兴产业，是推动粤港澳大湾区高质量发展、打造世界级创新平台和增长极的重要产业。推动大湾区生物医药协同创新，有助于提升大湾区国际竞争力、创新合作发展体制机制。

近年来，粤港澳大湾区建设成为综合开发研究院（中国·深圳）的重要研究领域，本人所在的研究部门一直持续跟踪研究，高质量地完成了多项国家、省、市级等有关课题，我也有幸参与了相关领域的课题研究，包括参与有关的调研、论坛、学术会议等活动，由此萌发了初步的思考，为本书的撰写奠定了基础。

本书得以完成，首先，感谢家人的默默支持，无论是生活上还是精神上，他们都给予了我莫大的支持与鼓励，使我在书稿撰写过程中能够坚持不懈、不断探索、渐进积累。其次，感谢综合开发研究院（中国·深圳）将本书列入2022/2023年度资助出版计划，为本书的写作与出版提供了大力支持。综合开发研究院（中国·深圳）是国家高端智库之一，也是深圳经济特区中的一方乐土，其海纳百川的包容环境鞭策、激励着研究人员笔墨耕耘，苦中作乐。同时，感谢综合开发研究院（中国·深圳）常务副院长、全国港澳研究会顾问郭万达博士，他主持和指导的相关研究课题，为本书写作提供了重要依据与支持。感谢综合开发研究院（中国·深圳）港澳及区域发展研究所张玉阁所长对本书框架、内容及具体论述等的指导，以及对我写作、研究等各方面的悉心教导。感谢文雅靖副所长、谢来风副所长及刘雪菲、薛杨钦、庄卓昊等同事在有关研讨中给予我的充分启发及大力支持。

此外，感谢中国社会科学院大学研究生院张世贤老师在研究方法、学术范式等方面给予我的细致指导，感谢中国社会科学院同学孙洁、邹萍、廖佳秋、胡晓华、曹庆涌、姚骥如、左运西、杜加鹏、罗静珊、陈丹霞、袁媛、李晓三、李航、曹海芹、祁建京、孙迪、淡云鹏、任思蜀、杨威、吴远、罗亮、曾焱、钟海燕等在相关调研、讨论中给予我的智慧支持。

最后，感谢中国经济出版社在本书出版方面的大力协助。

由于时间仓促和本人水平有限，本书难免有疏漏和不足之处，欢迎读者批评指正，不吝赐教。

杨秋荣

2023 年 12 月